西南交通大学通识教育系列教材

礼仪与文化

唐丽娟　尹德锦　张琳 ◎ 著

西南交通大学出版社
·成　都·

图书在版编目（CIP）数据

礼仪与文化 / 唐丽娟，尹德锦，张琳著. —成都：西南交通大学出版社，2018.4（2021.3 重印）
ISBN 978-7-5643-6117-4

Ⅰ. ①礼… Ⅱ. ①唐… ②尹… ③张… Ⅲ. ①礼仪 – 高等学校 – 教材 Ⅳ. ①K891.26

中国版本图书馆 CIP 数据核字（2018）第 060343 号

Liyi yu Wenhua
礼仪与文化

唐丽娟　尹德锦　张琳　著

责任编辑	孟　媛
助理编辑	罗俊亮
封面设计	严春艳

出版发行	西南交通大学出版社 （四川省成都市金牛区二环路北一段 111 号 西南交通大学创新大厦 21 楼）
邮政编码	610031
发行部电话	028-87600564　028-87600533
官网	http://www.xnjdcbs.com
印刷	四川森林印务有限责任公司

成品尺寸	185 mm×260 mm
印张	8.25
字数	189 千
版次	2018 年 4 月第 1 版
印次	2021 年 3 月第 3 次
定价	25.00 元
书号	ISBN 978-7-5643-6117-4

课件咨询电话：028-81435775
图书如有印装质量问题　本社负责退换
版权所有　盗版必究　举报电话：028-87600562

序

唐丽娟老师把她的新作《礼仪与文化》书稿给我，让我做序，哇！这是考我呀，我哪懂啊？不懂还写，就是不讲理。但此理非彼礼，作为她的同事，不写才不讲礼，于是硬着头皮写下去，幸好如今的网络如此发达，幸好学然后知不足，我应该可以写点什么的。

唐丽娟老师是个好学的人，从实践出发，寻根问道，几成体系，所著之书，让人阅后眼前大亮，理论虽还不够艰深，方法却条清缕析，实用致用，对青年人特别是大学生的礼仪养成与实践大有裨益，很好，真的很好的！

我是不修边幅、大大咧咧的人，但也有一回光鲜。记得那是2008年吧，学校组织交谊舞比赛，我们单位的曲目是"山楂树之恋"，作为男一号，我要盛装出场，"装"借来了，"妆"却借不来，于是丽娟老师"妆"了我一回，一个时辰后，我盛装上阵，淡妆出镜，光鲜飒爽，玉树临风了，其时我确是感到了人靠衣裳马靠鞍，男人也要注仪容。所以丽娟老师的书是绝知此事要躬行后的升华，是自己多年来沉浸于礼仪教学和实践后的心血之作。

此书以大学生礼仪为研究对象，从仪表仪态、微笑礼仪、修饰礼仪、语言和非语言礼仪、求职礼仪、餐饮礼仪、国际礼仪等方面着笔，有理论、有方法、有说理、有操作，有厚度、宽度，也有温度，读来让人既深悟作为礼仪之邦的吾国吾民之精神追求，又让人深感新时代大国青年的新形象、新风貌、新底蕴。大学生既可以从书中参透文化自信的历史渊薮，也可照章行事"扮亮"自己的锦绣前程。

通识教育作为培养创新人才的基础工程必须常抓不懈，久久为功。作为学校通识选修课教材，此书填补了我校这方面的空缺，值得肯定。希望唐老师以此为开端，加强研究，注重效果，为青年大学生的成长成才贡献自己的才华和力量，使我们的交大学子既成为大国智造的精英，也成为坦荡温润的谦谦君子。

桂富强
2018年3月3日

前 言

礼仪是尊重他人的表现形式和行为技巧，是一个人立身处世的根本、塑造形象的良方、赢得人脉的法宝和竞争取胜的利器。

礼仪是人类文化的积淀，是一个国家社会文明、道德风尚、风俗习惯的反映。古人云："国尚礼则国昌，家尚礼则家大，身有礼则身修，心有礼则心泰。"又有孔子曰："不学礼，无以立。"中国有礼仪之邦的美称，讲礼仪是中华民族的优秀传统。随着社会的快速发展，人们的社会交往日益频繁，礼仪作为联系、沟通、交往的桥梁，显得更为重要。现代社会是一个注重仪表的文明社会。一个人的整体形象，不仅能体现出他的审美水平、文化素养、综合素质，更能体现他对别人的尊重。

因此，学习礼仪，运用礼仪规则是个人乃至国家塑造良好形象，赢得他人和社会尊重的前提和基础，是获得成功的重要条件。当代大学生是国家的未来，是民族的希望，正所谓少年强则中国强，礼仪与文化对提高当代大学生的道德与修养，乃至综合素质都具有非常重要的现实意义，从一定程度来讲，本书的出版对构建和谐文明社会亦有积极贡献。

近年来，西南交通大学针对本科生开设的礼仪与文化选修课，深受学生欢迎，选报人数激增，效果良好。然而，本课程尚无特定选用教材，为了更好地讲解礼仪与文化这门课程，笔者根据实际教学经验来编写本教材，力求出版一本真正适用于当代青年的礼仪文化教材。

当然，关于礼仪的书籍很多，但真正从文化角度来讲解礼仪的书籍，特别是教材并不多。本书突破了传统的写法，主要以文化史的视角来介绍礼仪、讲解礼仪，多引用趣味故事，避免空泛理论性的讲解，真正做到了礼仪与文化的融会贯通。

由于笔者水平有限，书中难免有所疏漏，希望广大读者提出宝贵意见。

西南交通大学　唐丽娟
2017 年 11 月

目 录

第一章 礼仪文化概述 ···001
    引言 不学礼无以立 ···001
    第一节 走进"礼仪" ···001
    第二节 礼仪的起源和发展 ···004
    第三节 中国礼仪特有的文化 ···006
    第四节 礼仪的特征与功能 ···011

第二章 大学生礼仪 ···014
    引言 孔子与私学 ···014
    第一节 学生与教师之间的礼仪 ···015
    第二节 同学间的礼仪 ···016
    第三节 校园公共场所的礼仪 ···018

第三章 仪容仪表与仪态礼仪 ···022
    引言 作为女人,你必须精致 ···022
    第一节 仪容仪表礼仪 ···024
    第二节 仪态礼仪 ···027

第四章 微笑礼仪 ···038
    引言 十二次微笑 ···038
    第一节 传承千年的微笑 ···039
    第二节 微笑的魅力 ···040
    第三节 微笑的力量 ···041
    第四节 微笑练习 ···043

第五章 修饰礼仪 ···045
    引言 从《项链》看修饰礼仪 ···045
    第一节 走进色彩 ···045
    第二节 服饰 ···059
    第三节 配饰 ···073

第四节　化妆 ··· 081

第六章　语言礼仪与非语言礼仪 ·· 088
　　引言　小如的烦恼 ·· 088
　　第一节　语言礼仪 ·· 088
　　第二节　非语言礼仪 ·· 095

第七章　求职交际礼仪 ·· 098
　　引言　被忽视的"白纸" ·· 098
　　第一节　面试礼仪 ·· 098
　　第二节　沟通交往礼仪 ·· 100

第八章　餐饮礼仪 ·· 103
　　引　言 ··· 103
　　第一节　中餐礼仪 ·· 103
　　第二节　西餐礼仪 ·· 107
　　第三节　饮茶、喝咖啡与饮酒礼仪 ·· 111

第九章　国际礼仪 ·· 117
　　引　言 ··· 117
　　第一节　亚洲代表国家 ·· 117
　　第二节　欧洲代表国家 ·· 119
　　第三节　美洲代表国家 ·· 120
　　第四节　大洋洲代表国家 ·· 122

参考文献 ··· 123

第一章 礼仪文化概述

引言 不学礼无以立

《论语·季氏篇》有如下一段对话：

> 陈亢问于伯鱼曰："子亦有异闻乎？"对曰："未也。尝独立，鲤趋而过庭。曰：'学《诗》乎？'对曰：'未也。''不学《诗》，无以言。'鲤退而学《诗》。他日，又独立，鲤趋而过庭。曰：'学礼乎？'对曰：'未也。''不学礼，无以立。'鲤退而学礼，闻斯二者。"陈亢退而喜曰："问一得三。闻诗，闻礼，又闻君子之远其子也。"

按照今天的理解，这段话可翻译为：

陈亢问伯鱼："你在老师那里听到过什么特别的教诲吗？"伯鱼回答说："没有呀。有一次老师独自站在堂上，我（孔鲤）快步从庭里走过，老师（孔子）说：'学《诗》了吗？'我回答说：'没有。'他说：'不学诗，就不懂得怎么说话。'我回去就学《诗》。又有一天，老师又独自站在堂上，我快步从庭里走过，他说：'学礼了吗？'我回答说：'没有。'他说：'不学礼就不懂得怎样立身。'我回去就学礼。我就听到过这两次。"陈亢回去高兴地说："我提一个问题，得到三方面的收获，一是该学诗，二是该学礼，三是君子不偏爱自己的孩子。"

《释名》曰："礼，体也。言得事之体也。"再有，子曰："不知命，无以为君子也。不知礼，无以立也。不知言，无以知人也。"中华民族自古以来就是礼仪之邦，礼仪的产生和应用可谓源远流长。周朝时贵族男童八岁入学，学习六艺，即：礼、乐、射、御、书、数。"礼"位居六艺之首，可见古人对礼仪的重视程度。礼仪传承至今，不仅是个人情怀修养的体现，更是当今社会发展的文明程度的体现。无论是古代还是现代，谦和有礼，礼教恭俭庄敬，此乃立身之本。有礼则安，无礼则危。故不学礼，无以立身。

第一节 走进"礼仪"

孟子与孔子并称"孔孟"，是我们大家都熟知的大圣人，可是他却曾想要和妻子离婚。这是怎么一回事呢？

有一天，孟子回到家，在经过妻子房间时，正要进去，结果看到妻子一个人在房间里，坐姿非常不雅，并不是"跪坐"，而是伸开两腿坐着。孟子看见后非常生气。因为，中国古代非常讲究礼仪，注重站有站相，坐有坐相。古时没有高腿的坐具，通常只是在地上铺上席子"席地而坐"，古人坐的时候是跪坐，臀部放于脚踝，上身挺直，双手规矩地放于膝上，有时为了表达说话的郑重，臀部离开脚跟，叫"长跪"，也叫"起"。而孟子妻子这样随便的坐法不仅是不雅观的，对他人来讲也是不礼貌的，是无礼的表现。

所以孟子看到很生气。于是他没有进妻子的房间，而是直接到了母亲那里，对母亲说："我的妻子不懂得礼仪，请您准许我把她休了。"母亲一听，愣了一下，问道："是什么原因呢？"孟子回答说："因为她无礼，竟然伸开两腿坐着。"孟子的母亲接着问道："那你又是怎么知道的呢？"孟子答道："是我亲眼看到的。"母亲于是心平气和地说："这是你不讲礼仪，而不是你的妻子不讲礼仪，所以我不能同意。"孟子一听，十分不解，明明是妻子不讲礼仪，怎么成自己不讲礼仪了呢？孟母看到孟子疑惑的表情，耐心地解释道："《礼》上说得很清楚，将要进门时，必须先问屋子里有人否；将进入厅堂时，要高声说话，为的就是让里面的人知道有人来访；将要进屋时，眼睛必须要向下看，这样做是怕屋里人没有准备和防备。而你呢，到了妻子休息的屋子，什么招呼都没打，所以才看到了她伸开两腿坐着的样子，这难道不是你无礼在先吗？"听到母亲这样一席话，孟子心悦诚服，再也不提休妻的事情了。

从这个故事我们可以看到古人在进门的时候是有很多礼仪的，这样才能很好地尊重别人，不至于让人没有防备，引起尴尬。这样的礼仪在现代也是非常必要的。在当代社会，其实不只是进门前需要礼仪，生活中的方方面面都是需要礼仪的，知礼、懂礼、用礼是确保人际交往顺利展开的基础和保障。

中华民族在五千年的历史长河中，创造了灿烂的文化，形成了高尚的道德准则、完整的礼仪规范和优秀的传统美德，被世人称为"文明古国，礼仪之邦"。礼仪文化是中华文明的重要组成部分，对中国社会、历史各个方面的发展产生了广泛而深远的影响。每一个中华儿女都是中华民族礼仪文明的传承者，传承礼仪，则需要先走近礼仪，认识礼仪。

一、"礼"的释义

关于"礼"的释义，从不同的角度有不同的界定。

一是被看作祭祀求福的仪式。"礼"繁体写作"禮"，属会意字，从示，从豊。本义为举行仪礼，祭神求福。成书于战国末年的《礼记》在其《礼运篇》中记载道："夫礼之初，始诸饮食。其燔黍捭豚，污尊而抔饮，蕢桴而土鼓，犹若可以致其敬于鬼神。"东汉许慎的《说文解字》中也记载道："礼，履也。所以事神致福也。"可见"礼"最初的含义是祭祀神灵以求福祉的仪式或活动。

二是被看作人类社会中最高的自然准则。"礼"被人们认为是文化的准则、自然秩序的体现。例如在《礼记·乐记》中有"礼者，天地之序也""大礼与天地同节"等话语说明了"礼"的重要地位。

三是被认作区分人与动物的本质区别。礼是人立身的根本，是人之所以为人的本质体现。在《礼记·冠礼》中也有所体现："凡人之所以为人者，礼义也。"

四是被看作维护国家统治的基本准则。例如两千前孔子提出的"克己复礼"，意在恢复周礼，维护周王朝的统治。

可见"礼"是一个非常广泛的概念，它时时存在于我们的生活之中，《论语·雍也》篇中提到"质胜文则野，文胜质则史。文质彬彬，然后君子"。"质"为"质朴"之意，"文"是"文饰、修养"之意。可见孔子认为性情过于直率就显得粗鲁，礼仪过于恭敬就显得虚浮，恰当的性情与礼仪，才是真正君子的样子。由此可见，"礼"还包含了"礼貌""礼节"等概念，所以我们一般用"谦和有礼，温润如玉"来形容那些真正有礼貌、有礼节的人。

二、"仪"的释义

"仪"即"仪表""仪态""仪式""仪容"，是对礼节、仪式的统称。在我国，"仪"的概念在春秋战国奴隶制时期才出现，要比"礼"的概念晚很多，其本义为"仪式、仪文"。进入封建社会后，"仪"逐渐演变为了具有容貌外表、仪式礼节的概念。演变至今，"仪"则代表的是仪表、仪容、仪态等在社会交往中向对方表达尊重的具体形式。

一个人的仪表与仪态，是其修养、素质、文明程度的表现。古人认为，举止庄重，谦和有礼，遇事谨敬，文质彬彬，不仅能够保持个人的尊严，还有助于进德修业。《诗经》中的《相鼠》一篇："相鼠有皮，人而无仪；人而无仪，不死何为？相鼠有齿，人而无止；人而无止，不死何俟？相鼠有体，人而无礼；人而无礼，胡不遄死？"虽是一首对当时统治者的讽刺诗，但古人已经拿老鼠的皮毛与人的仪表仪态相比较，禽兽没有了皮毛，就不能为禽兽；人失去仪礼，也就是不成为人了。由此也可以看出礼义廉耻之于人的重要性。

三、"礼仪"的释义

笔者在上面介绍了有关"礼"和"仪"的概念，"礼"和"仪"既有区别又有联系。"礼"是内在的，是人们对他人的一种尊重的态度；"仪"则是外在的，是人们通过一定的动作、形式等表现出来的"礼"。"礼"是"仪"的本质，"仪"是"礼"的现象，二者相辅相成。

"礼仪"一词的合用最早见于两千多年前《诗经·小雅·楚茨》中的"为宾为客，献酬交错，礼仪卒度"。此中的"礼仪"意为宾客之间觥筹交错中应对之道的礼仪。"礼仪"传承至今，在当代是指人们在生活、交往和工作中仪容仪表、仪态举止、言语谈吐及相应仪式等方面约定俗成的行为举止，是表现律己敬人的过程。

礼仪在当今社会是无处不在、无处不有、无人不需的。从我们懂事起，父母就会教育我们要讲文明懂礼貌，见了长辈要主动问好；上学后，要尊敬老师，见到老师要行礼；工作后，要尊重领导、礼待同事。由此可见，我们在日常生活中，在不同的年龄阶段，都会与各种各样的人打交道，因而协调好人际关系、约束自己的行为就变得十分重要。因此也可以看出来，礼仪是无处不在、无处不需的。

第二节　礼仪的起源和发展

一、中国礼仪的起源

关于礼的起源，历来说法不统一，不同的学者有着不同的观点。笔者归纳了五种起源说：一是天神生礼仪；二是礼为天地人的统一体；三是礼产生于人的自然本性；四是礼为人性和环境矛盾的产物；五是礼生于理，起源于俗。这些起源的说法在此不做具体介绍，只从理论与实际产生形式两大方面来做具体的概括。

（一）从理论上说，礼的应运而生，是出于人类协调一些矛盾的需要

首先，礼的产生是为了满足维护自然的"人伦秩序"的需要。远古时期，各种地质灾害、各种野兽严重威胁着人类的生存，人类为了能够生存下去并且不断发展，就必须与大自然做斗争，不得不以群居的形式相互依存，人类的群居性使得人与人之间相互依赖又相互制约。在群体生活中，男女有别，老少有异，人类必须妥善处理内部关系，因此，人们逐步积累和自然约定出一系列的"人伦秩序"，这就是最初的"礼"。

其次，"礼"的起源是为了满足人类平衡野心、欲望与现实条件的需要。追求与满足自身的欲望是人类的本性与天性，人们在追求欲望的过程中，难免会发生矛盾和冲突，有些人甚至为达目的不择手段，这就常常引起动乱，为了避免这种人与人之间的矛盾和冲突，就需要一种"规范"来制约，于是"礼"也就应运而生了。

（二）从其产生的具体形式来看，礼是从远古的宗教祭祀活动中产生的

在上古时期，祭祀活动就是最早也是最简单的"礼"，其中以祭天、敬神为主要内容。这些祭祀活动在历史的发展中不断地被完善，渐渐地正式成为祭祀礼仪。随着人类社会的发展以及对自然与社会各种关系认识的逐步深入，仅仅以祭祀天地、鬼神、祖先为礼，已经不能满足人类日益发展的精神文明需要和调节日益复杂的社会现实关系了。因此，人们便将事神致福活动中的一系列行为举止规范，无论是从内容上还是形式上扩展到了各种人际交往活动，从最初的祭祀之礼扩展到社会各个领域的各种礼仪。

二、中国礼仪的发展

礼仪在其传承沿袭的过程中是不断发生着变革的，从其历史的角度来看，礼仪的演变过程可以分为五个大的阶段。

（一）礼仪的起源时期：即夏朝以前（公元前21世纪以前）

礼仪起源于史前的原始社会，在原始社会的中、晚期出现了早期礼仪的萌芽。整个

原始社会是礼仪的萌芽时期，当时礼仪还较为简单和虔诚，尚不具有阶级性。其具体内容有：制定了明确血缘关系的婚嫁礼仪，区别部族内部尊卑等级的礼制，为祭天敬神而确定的一些祭典仪式，一些在人们的相互交往中表示礼节和表示恭敬的动作等方面的相关礼仪。

（二）礼仪的形成时期：夏、商、西周三代（公元前21世纪—前771年）

人类随着自身的发展，进入到奴隶社会时，统治阶级、统治者为了巩固自己的统治，将原始祭祀活动中的礼仪变为其巩固自身统治的工具，从此礼被打上了阶级的烙印。在这个历史阶段，中国首次形成了比较完整的国家礼仪与制度。如"五礼"就是一整套涉及社会生活各方面的礼仪规范和行为标准。许多礼制典籍亦多撰修于这一时期，如周代的《周礼》《仪礼》《礼记》就是我国最早的礼仪学专著。在汉以后两千多年的历史中，它们一直被认为是国家制定的礼仪制度的经典之作，被称为"礼经"。

（三）礼仪的变革时期：春秋战国时期（公元前771—前221年）

在这一历史时期，社会动荡，各国之间争斗不休，国家疆土分裂，人们在思想上却是开放的，在学术界形成了百家争鸣的局面，以孔子、老子、墨子为代表的诸子百家对"礼"进行了研究和发展，对礼仪的起源、本质和功能进行了思考，并对其进行了系统的阐述。

孔子对礼仪非常重视，他把"礼"看成是修身、齐家、治国、平天下的基础。"不学礼，无以立""质胜文则野，文胜质则史。文质彬彬，然后君子"等观点皆出于孔子。他要求人们用礼的规范来约束自己的行为，要做到"非礼勿视，非礼勿听，非礼勿言，非礼勿动"。并倡导"仁者爱人"，强调人与人之间的相处要有仁爱之心，要相互关心，彼此尊重。孔子也希望统治者用"仁德"来治理天下。

孟子把"礼"解释为对尊长和宾客严肃而有礼貌，所谓"恭敬之心，礼也"，并把"礼"看作人善性的发端之一。

荀子把"礼"看作人生哲学思想的核心，是做人的根本目的和最高理想，正所谓"礼者，人道之极也"。他认为"礼"既是目标、理想，又是人一生的行为过程，主张"人无礼则不生，事无礼则不成，国无礼则不宁"。

管仲则把"礼"看作人生的指导思想和维持国家的第一支柱，认为礼关系到国家的生死存亡。

（四）礼仪的强化时期：秦汉到清末（公元前221—1911年）

在我国长达两千多年的封建社会里，礼仪在不同的朝代具有不同的社会特征，但却一直为统治阶级所利用，成为维护封建社会的等级秩序的重要工具之一，其具体特点为：尊君抑臣、尊夫抑妇、尊父抑子、尊神抑人。纵观中国两千多年的封建社会的礼仪，内容大致有涉及国家政治的礼制和家庭伦理两类。这一时期的礼仪构成中华传统礼仪的主体。但在礼仪漫长的历史演变过程中，尤其是到了清代中、后期，它逐渐变成妨碍人类个性发展、阻挠人类平等交往、窒息人类思想自由的精神枷锁。

（五）现代礼仪的发展

自辛亥革命后，受到西方资产阶级"自由、平等、民主、博爱"等思想的影响，中国的传统礼仪规范制度，受到了强烈的冲击。之后的五四新文化运动，对符合时代要求的礼仪，进行肯定、继承、完善、流传，那些繁文缛节的"礼教糟粕"则逐渐被抛弃。同时也接受了一些国际上通用的礼仪形式。新的礼仪标准、价值观念逐渐被人民群众所知晓，并得到了推广和传播。中华人民共和国成立后，逐渐确立以平等相处、友好往来、相互帮助、团结友爱为主要原则的具有中国特色的新型社会关系和人际关系。改革开放以来，随着中国与世界的交往日趋频繁，西方一些先进的礼仪、礼节陆续传入我国，同我国的传统礼仪一道融入社会生活的各个方面，构成了社会主义社会礼仪的基本框架。许多礼仪从内容到形式都在不断进行着变革，现代礼仪进入了全新的发展时期。大量的礼仪书籍相继出版，各行各业的礼仪规范纷纷出台，礼仪讲座、礼仪培训日趋火红。人们学习礼仪知识的热情空前高涨。讲文明、讲礼貌蔚然成风。今后，随着社会的进步、科技的发展和国际交往的日益密切，礼仪必将得到新的完善和发展。

第三节　中国礼仪特有的文化

中华民族素有"礼仪之邦"的美誉，"礼"在我国社会发展中无时不在、无处不在，出行有礼，坐卧有礼，宴饮有礼，婚丧有礼，寿诞有礼，祭祀有礼，征战有礼，等等。这里的"礼"包含了礼制的精神原则与礼仪行为两大部分，礼义是礼制的精神核心，礼仪制度则是礼义精神的外在表现。这里为大家介绍一些具有"中国特色"的礼仪。

一、尊老慈幼敬贤

孟子与齐宣王之间有这样一段对话：

曰："有复于王者曰：'吾力足以举百钧，而不足以举一羽；明足以察秋毫之末，而不见舆薪。'则王许之乎？"

曰："否。"

"今恩足以及禽兽，而功不至于百姓者，独何与？然则一羽之不举，为不用力焉；舆薪之不见，为不用明焉，百姓之不见保，为不用恩焉。故王之不王，不为也，非不能也。"

曰："不为者与不能者之形何以异？"

曰："挟太山以超北海，语人曰'我不能'，是诚不能也。为长者折枝，语人曰'我不能'，是不为也，非不能也。故王之不王，非挟太山以超北海之类也；王之不王，是折枝之类也。老吾老，以及人之老；幼吾幼，以及人之幼。天下可运于掌。"

以上孟子与齐宣王对话的最后一段可翻译为:

孟子认为要一个人把太山夹在胳膊下跳过北海,这人告诉别人说:"我做不到。"这是真的做不到。要一个人为老年人揉胳膊揉腿做按摩,这人告诉别人说:"我做不到。"这是不愿意做,而不是做不到。大王没有做到用道德来统一天下,不是属于把太山夹在胳膊下跳过北海的一类,而是属于为老年人揉胳膊的一类。"尊敬自己的老人,并由此推广到尊敬别人的老人;爱护自己的孩子,并由此推广到爱护别人的孩子。"要是做到了这一点,整个天下便会像在自己的手掌心里运转一样容易治理了。

这段对话体现了孟子的民本思想,其中的"老吾老以及人之老,幼吾幼以及人之幼"更是与孔子的"天下大同"思想不谋而合,且已经成为脍炙人口的名言,更是很好地体现了孟子"尊老爱幼"的以民为本的仁爱精神。

至于"敬贤",隆中请诸葛——三顾茅庐的故事想必已经家喻户晓,毫无疑问这是"敬贤"礼仪的代表。

东汉末年,天下四分五裂,刘关张桃园结义之后,刘备广招贤能异士,于是便有了刘备三顾茅庐请隆中诸葛的故事。诸葛亮,字孔明,青年时代躬耕于隆中,并苦读经书,熟悉历朝兴衰的历史,潜心钻研兵法。他常以春秋战国时的管仲、乐毅自比,是一位难得的将才、谋士,世人称其"卧龙"。善于网罗人才的刘备闻知,高兴地说:"这样的人才正是我所需要的啊!哪怕是山高路远,行走不便,我也非亲自去请他不可!"

深冬的一天,刘备带着关羽、张飞,到隆中邀请诸葛亮。谁知诸葛亮恰好不在家,刘备只好悻悻而归。刘备回到新野,不断派人到隆中打听诸葛亮何时在家。当打听到诸葛亮外出已经回到家时,刘备当即决定二请诸葛亮。这时,张飞不以为然地说:"一个平民百姓,派个武士把他叫来就得了,犯不着让你一再去请他。"刘备斥责张飞说:"诸葛亮乃是当代大贤,怎么能随便派个人去叫他呢?我们得恭敬地请他。"刘备说服了张飞,并叫上关羽,三人骑马再次直奔隆中而去。

这一天,北风呼啸,大雪纷飞,冷得实在教人难忍。张飞对着刘备大嚷:"我等何苦找此罪受!不如等天晴再说吧。"刘备却说:"贤弟,咱们冒此大风雪,不怕山高路远,来请诸葛先生,不正表明了我们的一片诚意吗?"三人继续往前赶路。不料,这一次刘备又未见到诸葛亮,只好写了一封信托家仆转交,说明来意,并表示择日再访。

第二年春天,刘备更衣备马,决定第三次去拜访诸葛亮,并请他出山帮助自己。张飞、关羽竭力劝阻。关羽说:"我们两次相请,都未见到他,想必他徒有虚名,不敢前来相见。"张飞更是带着轻蔑的口吻说:"我们已仁至义尽,这次只需我一人前往,他如若不来,我就将他绑来见你。"刘备连忙说道:"不得无礼,没有诚意哪能请到贤人呢?"

于是刘备三人飞马直奔隆中,来到诸葛亮的草庐前。此时诸葛亮正在午睡。刘备唯恐打扰诸葛亮,不顾路途疲劳,屏声敛气地站在门外静候,直到诸葛亮醒来才敢求见。刘备见了诸葛亮,说道:"久慕先生大名,三次拜访,今日如愿,实是平生之大幸!"诸葛亮说:"蒙将军不弃,三顾茅庐,真叫我过意不去。亮年幼不才,恐怕让将军失望。"刘备却诚恳地说:"我不度德量力,想为天下伸张正义,振兴汉室。由于智术短浅,时至今日,尚未达到目的,望先生教我。"刘备谦虚的态度,诚恳的情意,使诸葛亮倍受感动。诸葛亮为刘备分析了当今天下的局势:

> 自董卓以来,豪杰并起,跨州连郡者不可胜数。曹操比于袁绍,则名微而众寡。然操遂能克绍,以弱为强者,非惟天时,抑亦人谋也。今操已拥百万之众,挟天子而令诸侯,此诚不可与争锋。孙权据有江东,已历三世,国险而民附,贤能为之用,此可以为援而不可图也。

并为刘备日后的发展做了规划:

> 将军既帝室之胄,信义著于四海,总揽英雄,思贤如渴,若跨有荆、益,保其岩阻,西和诸戎,南抚夷越,外结好孙权,内修政理;天下有变,则命一上将将荆州之军以向宛、洛,将军身率益州之众出于秦川,百姓孰敢不箪食壶浆以迎将军者乎?诚如是,则霸业可成,汉室可兴矣。

诸葛亮终于答应了刘备的请求,怀着帮助刘备统一全国的政治抱负,离开了隆中茅庐,出任刘备的军师。他忠心耿耿地辅佐刘备,为"三国鼎立"局面的确立,做出了巨大贡献。

二、尊敬师长

杨时程门立雪

杨时从小就聪明伶俐,四岁入村塾学习,七岁就能写诗,八岁就能作赋,人称神童。他十五岁时攻读经史,熙宁九年(1076)登进士榜。他一生立志著书立说,曾在许多地方讲学,倍受欢迎。居家时,长期在含云寺和龟山书院,潜心攻读,写作教学。

有一年,杨时赴浏阳县任职,不辞劳苦,绕道洛阳,拜师程颐。程颐是北宋时期著名的理学家,他与他的哥哥程颢都是周敦颐(《爱莲说》的作者)的弟子,共创了"洛学",世人称其为"二程"。杨时跟着老师程颐用心治学,以求学问上得到进一步提升。有一天,杨时与他的学友游酢,因对某问题有不同看法,为了求得一个正确答案,杨时便决定去老师家请教。

时值隆冬,天寒地冻,浓云密布。他行至半途,朔风凛凛,瑞雪霏霏,冷飕飕的寒风肆无忌惮地灌进他的领口。杨时把衣服裹得紧紧的,匆匆赶路。来到老师程颐家时,适逢老师坐在炉旁打坐养神。杨时不敢惊动、打扰老师,就恭恭敬敬地侍立在门外,等候老师醒来。

这时,远山如玉簇,树林如银妆,房屋也披上了洁白的素装。杨时的脚都冻僵了,浑身也冷得发抖,但依然恭敬侍立。良久,程颐一觉醒来,从窗口发现侍立在风雪中的杨时，只见他已通身披雪，脚下的积雪已一尺多厚了，赶忙起身迎他进屋。

后来，杨时得了程颐的真传，东南学者推杨时为"程学正宗"，世称其为"龟山先生"。此后，"程门立雪"的故事就成为尊师重道的千古美谈。

曾子避席

曾子是孔子的弟子，有一次他在孔子身边侍坐，孔子就问他："以前的圣贤之王有至高无上的德行，精要奥妙的理论，用来教导天下之人，人们就能和睦相处，君王和臣下之间也没有不满，你知道它们是什么吗？"曾子听了，明白老师孔子是要指点他最深刻的道理，于是立刻从坐着的席子上站起来，走到席子外面，恭恭敬敬地说道："我不够聪明，哪里能知道，还请老师把这些道理教给我。"

在这里，"避席"是一种非常礼貌的行为，当曾子听到老师要向他传授时，他站起身来，走到席子外向老师请教，是为了表示他对老师的尊重。曾子懂礼貌的故事被后人传诵，很多人都向他学习。

这两则小故事充分说明了古人"国将兴，必贵师而重道"的思想。意思是国家要想兴盛，必须尊敬教师，重视传授专长技术的师父。《礼记·学记》中也说："师严，然后道尊；道尊，然后民知敬学。"尊师重道自古就是我们中华民族的传统美德，老师是伦理道德、知识、价值观念的传授者，是道德的表率。古语说"一日为师，终身为父"，古人尊师重道的精神，被后世传为佳话，今人理应学习、继承，敬师德、学师德、永铭师恩。

三、诚实有信

立木为信与烽火戏诸侯

战国时期，秦国的大良造商鞅在秦孝公嬴渠梁的支持下主持变法。当时战争频繁、人心惶惶，为了树立威信，推进变法，商鞅下令在都城南门外立一根三丈长的木头，并当众许下诺言：谁能把这根木头从南门搬到北门，就赏金十两。前来围观的百姓不相信如此轻而易举的事就能得到如此高的赏赐，结果没人肯出手一试。于是，商鞅将赏金提高到五十金。重赏之下必有勇夫，终于有人站起将木头扛到了北门。商鞅立即赏了他五十金。商鞅这一举动，在百姓心中树立起了威信，而商鞅接下来的变法就很快在秦国推广开了。新法使秦国渐渐强盛，为统一中国打下了坚实的基础。

而同样在商鞅"立木为信"的地方，四百年以前却曾发生过一场令人啼笑皆非的"烽火戏诸侯"的闹剧。

周幽王有个宠妃叫褒姒，为博取她的一笑，周幽王下令在都城附近20多座烽火台上点起烽火——烽火是边关报警的信号，只有在外敌入侵需召诸侯来救援的时候才能点燃。结果诸侯们见到烽火，率领兵将们匆匆赶到，弄明白这是君王为博褒姒一笑的花招后又愤然离去。褒姒看到平日威仪赫赫的诸侯们手足无措的样子，终于开心一笑。五年后，西夷犬戎大举攻周，幽王烽火再燃而诸侯未到——谁也不愿再上第二次当了。结果幽王被逼自刎而褒姒也被俘虏。

一个"立木取信"，一诺千金；一个帝王无信，戏玩"狼来了"的游戏。结果前者变法成功，国强势壮；后者自取其辱，身死国亡。可见，"信"之一字对一个国家的兴衰存亡起着何其重要的作用。

季布"一诺千金"免祸殃

秦朝末期，有个叫季布的人，一向说话算数，信誉非常高，许多人都同他建立起了深厚的友情。当时甚至流传着这样的谚语："得黄金百斤，不如得季布一诺。"（这就是成语"一诺千金"的由来）后来，季布得罪了汉高祖刘邦，被悬赏捉拿。结果他旧日的朋友不仅不被重金所惑，还冒着灭九族的危险来保护他，使他免遭祸殃。一个人诚实有信，自然得道多助，能获得大家的尊重和友谊。反过来，如果贪图一时的安逸或小便宜，而失信于朋友，表面上是得到了"实惠"，但为了这点实惠却毁了自己的声誉，而声誉相比于物质却是重要得多的。所以，失信于朋友，无异于捡了芝麻丢了西瓜，是得不偿失的。

晏殊信誉的树立

北宋词人晏殊，素以诚实著称。在他十四岁时，有人把他作为神童举荐给皇帝。皇帝召见了他，并要他与一千多名进士同时参加考试。结果晏殊发现考试题目是自己十天前刚练习过的，就如实向真宗报告，并请求改换其他题目。宋真宗非常赞赏晏殊的诚实品质，便赐他"同进士出身"。

晏殊当职时，正值天下太平。于是，京城的大小官员便经常到郊外游玩或在城内的酒楼茶馆举行各种宴会。晏殊家贫，无钱出去吃喝玩乐，只好在家里和兄弟们读写文章。有一天，真宗提升晏殊为辅佐太子读书的东宫官。大臣们惊讶异常，不明白真宗为何做出这样的决定。真宗说："近来群臣经常游玩饮宴，只有晏殊闭门读书，如此自重谨慎，正是东宫官合适的人选。"晏殊谢恩后说："我其实也是个喜欢游玩饮宴的人，只是家贫而已。若我有钱，也早就参与宴游了。"这两件事，使晏殊在群臣面前树立起了信誉，而宋真宗也更加信任他了。

自古以来就有"人无信，则不立""君子一言，驷马难追""一诺千金"等说法，自己许下的诺言，就要忠诚地践行。诚实有信，是中华民族的传统美德之一，一个人想要活出生命的精彩，就不能不守信用，不守诚信。不讲诚信的人可以欺人一时，但不能欺人一世。

为人诚实,言而有信,在得到他人信任的同时,也能升华自身的道德修养。

四、中庸之美

过犹不及

"过犹不及"一词出自《论语·先进》:"子贡问:'师与商也孰贤?'子曰:'师也过,商也不及。'曰:'然则师愈与?'子曰:'过犹不及。'"

以上是孔子与学生子贡之间的一段对话。子贡问孔子,子张和子夏哪个更贤明一些。孔子回答说,子张常常超过周礼的要求,子夏则常常达不到周礼的要求。于是子贡又问,子张能超过是不是要比子夏好一些?孔子则回答说,超过要求标准和达不到要求标准的效果是一样的。

中庸之道是我们中华民族所特有的为人处事之道,不仅儒家推崇,道家的"物极必反"与"中庸之道"也是有着异曲同工之妙。有"至圣先师"之称的孔子认为"中庸是一种最高的道德"。那么,中庸的定义是什么呢?即:不偏之谓中,不易之谓庸。中者,天下之正道;庸者,天下之定理。通俗地讲,度把握得好,无过无不及就叫"中";度把握得好,合情合理,合乎人性就叫"庸"。由此可见"度"之一字的重要性。中庸之道,叫人们牢牢把握住保持事物本质的"度",不偏向任何极端,追求中和,不使事态走向其反面,追求调和之美。中庸之道用以修身,使自己的言行保持中正,性情和谐不乖戾。处理事情和人际关系时,不偏袒任何一方,不使矛盾激化。

中庸之美的另一个审美方面则是儒家体系所倡导的中和之美。中和之美影响到了我们民族性格的很多方面。在文学方面,强调的是表达感情要含蓄,要"哀而不伤,乐而不淫";在服饰方面,纵观中国服饰发展史,除了唐代的服饰略能显露脖颈外,其余的大多是衣至脖颈,裳至脚面,唯恐显露一寸肌肤……可见,自从孔子着重强调"中庸"以来,中庸之道已经慢慢成为中华民族血液中的一部分。

第四节 礼仪的特征与功能

礼仪在其漫长的发展过程中,已经形成了一种文化。礼仪作为一种文化范畴,有着其自身的特征与功能。

一、礼仪的特征

从古至今,礼从最初用于祭祀天神祖先,到现在人们在日常生活中通过知礼、用礼,注重仪表来表达对他人的尊重，礼仪文化的发展本身就是一个去除糟粕、继承精华的过程。礼仪的发展变化总是与时代密切相关的。礼仪发展传承至今，很多传统的礼仪被赋予了新的内涵。例如周代的婚礼，需要经过纳采、问名、纳吉、纳征、请期和亲迎六道程序，其历经千年传承至今，虽说有些细节有所改变，但是在很多农村地区和民族地区，他们的婚礼程序大多仍是按这六道程序进行的。现下新人举行婚礼，新娘子会穿着白色的婚纱迎宾，但在敬酒时却会换上一身红色的旗袍。这些年举行中式婚礼，穿中式嫁衣、礼服的新人更是越来越多。这自然是因为在中国的传统文化中，红色具有喜庆、兴旺、昌盛、繁荣等美好的寓意，即使是历经千年，遇喜事穿红色这一习俗依然应用在我们的日常生活中。这就是礼仪的传承性。

俗语说"一方水土，养一方人""百里不同风，千里不同俗"，不同的文化背景产生不同的文化礼仪，不同的地域文化产生不同的礼仪的内容和形式。例如英国人和法国人视孔雀为祸鸟、淫鸟，甚至连孔雀开屏也被视为自我吹嘘，但在东南亚国家人们却把孔雀视为美丽高贵的象征；在中国摸小孩的头表示慈爱亲切，但在泰国却是禁忌之举；西方国家对待赞美的态度可谓是"喜形于色"的，总是大方地接受他人的赞美并表达感谢，但是东方人在面对他人的赞美时，尽管内心喜悦，但一定会谦虚地对别人的赞美予以否定。《礼记·曲礼上》说："入境而问禁，入国而问俗，入门而问讳。"因此在社交活动中搞清楚交往对象的风俗习惯才能保证社交活动顺利进行。这是礼仪的差异性，也是礼仪的地域性。

礼仪作为一种文化范畴，必然具有浓厚的时代色彩，它总是一个时代的真实写照，并且随着时代的变化而变化。礼最早起源于祭祀天神，原始人由于不懂人类生殖的原因，通常将怀孕的妇女作为生育女神来祭拜，毫无疑问这是时代带给"礼"的烙印。随着时代的变迁，礼仪也有翻天覆地的变化。例如辛亥革命的爆发，不仅推翻了我国最后一个封建王朝，还影响到了人们生活的方方面面，西方的礼仪开始应用于中国的社会中，例如"剪发兴，辫子灭；鞠躬礼兴，跪拜礼灭……"时代总是在不断前进的，礼仪也不是一成不变的。现代社会，经济高速发展，中国与国际交流越来越密切，许多西方礼仪也逐渐被我们接受与认可，例如西餐礼仪、拥抱礼仪等。礼仪规范总是与时代精神密切地结合在一起，随着时代不断前进，礼仪文化的内容自然也会得到很好的发展，礼仪规范必将更为文明、优雅和实用。这是礼仪的时代性与发展性。

二、礼仪的功能

从古至今，礼仪具有教化作用。在两千多年前的周代，要求贵族子弟八岁入小学，周王官学要求学生掌握六种基本才能：礼、乐、射、御、书、数。这就是所说的"通五经贯六艺"的"六艺"。其中的"礼"指的就是礼节，即五礼：吉礼、凶礼、宾礼、军礼、嘉礼。"乐"就是指音乐，即《云门》《大咸》《大韶》《大夏》《大濩》《大武》等古乐。其中《韶乐》是祭祀音乐，孔子在齐地的时候，听闻了《韶乐》，三月不知肉味。《大濩》又名《桑林》，《孟子》中说庖丁解牛，合与桑林之舞，指的就是这个舞蹈。古代的礼、乐通常不分家，圣人制礼乐，是想用礼乐来教化民众，使其端正品性，遵从人伦等级，节制欲望，从而达到维护国家安定的目的，所以礼乐自古以来就是统治者治世的一种手段。随着人类社会的不断进步，礼仪在当今社会依然有着教化人民、安家治国的作用。礼仪可以让人们自我约束，减少犯罪几率，在很大程度上促进了社会的和谐发展。这就是礼仪的教化作用。

礼仪能够提升我们的素质，帮助我们塑造良好的形象。任何一个举止优雅的人都是有礼有仪的人。"以貌取人"一定程度上其实是科学的。身材显示生活方式，穿衣打扮显示审美层次，站姿可以看出才华气度，走姿可以看出自我认知，坐姿可以看出家庭教育……整洁大方的仪表，再加上懂礼貌和微笑就可以很轻松地帮我们塑造一个良好的形象。只有真正知礼、懂礼、用礼才能使自己成为一个有魅力的人。礼仪是人际交往的润滑剂。人的一生无时无刻不在和他人交往，在家需要接触父母亲戚，在学校需要接触老师同学，在社会上需要接触上司同事以及形形色色的人。一个懂礼仪的人则会给人如沐春风之感，这无疑是令人舒服的，办起事情来也是事半功倍的。在人际交往中，礼仪对个人的行为有约束作用，如果人人都知礼、用礼，再大的矛盾也可以想办法化解。

礼仪同样能够使我们充满自信，从而获得成功。在重要的场合中，例如找工作面试、相亲等，为了获得好评，人们总是时刻注意自己的一言一行、一举一动，尽量用礼仪来规范自己的行为，以便获得最后的成功。人类是视觉动物，不认识的人在初次见面时，总要首先观察对方的衣着、相貌、举止及其他可察觉到的动作反应，然后根据观察到的印象对对方做出一个初步的评价，这个评价则有先入为主的作用，这就是所谓的"第一印象"。形成"第一印象"的时间极短，往往在几秒到几十秒之间。但第一印象却能在人的脑海中留下深刻的烙印，而且很难改变。学好礼仪，无疑能增加我们的自信心，使我们获得一个好的"第一印象"，从而更快地取得成功。

第二章 大学生礼仪

引言 孔子与私学

　　圣人、教育家孔子在晚年回顾自己一生的事业与治学的历程时评价自己是"三十而立"。孔子如此评价自己，除了指他在三十岁时已熟悉、精通《六经》等古代的大量文献外，还有另一层意思，即孔子在面对周室衰微、礼崩乐坏、诸侯纷争和政治动乱等社会现状时，他已立下了救世的宏愿，形成了他以礼乐文明典范为核心的立身处世的思想法则，确定了他以"仁"为核心、以"礼"为形式、以"中庸"为原则的、比较完整的观点及理论。

　　孔子在他三十岁左右时，开始招收第一批弟子，这中间有颜渊的父亲颜路，曾参的父亲曾点，还有孔子的另一位著名的弟子子路。子路比孔子小九岁，他拜孔子为师时大约二十岁左右。子路虽然出身贫贱，但为人性格豪爽、耿直。刚开始时，他对孔子很不尊敬，但孔子以德折服了他。之后，子路便踏实跟着老师做学问，对老师更是无比尊敬，最终成为孔子的得意弟子。在孔子招收的第一批弟子中，还有伯牛、冉有、子贡、颜渊、闵损等人，他们受教于孔子，主要是跟着孔子学习六艺，即礼、乐、射、御、书、数这六门课程，其重点是培养德行、陶冶性情。孔子注重多让他们进行政治军事外交方面的训练，希望由他们担负起闻道救世的重任。

　　"有教无类"便是最早由孔子提出的口号，也是他创办私学的最大特点。孔子说："自行束脩以上，吾未尝无诲焉。"（《论语·述而》）不管是什么人，只要有十条干牛肉作为拜师礼，孔子就收他做学生。由此可见，孔子收学生，向学生收的学费是很少的。所谓"有教无类"，历来都有不同的解释。或指出身、贫富不分类，或指族种、地域不分类。"有教无类"的重大意义，在于孔子招收学生已经打破了贵族和平民的出身限制，由学在官府向学在民间发展，教育不再是贵族子弟才有的特权，平民也有接受教育的权利。不管是什么出身的学生，孔子都给予他们平等的学习机会，对他们一视同仁，并对其进行引导、教育。由于孔子收学生是来者不拒的，相传他门下的学生竟达三千人之多，其办学规模可谓空前。

　　总之，孔子创立私学开了自春秋至战国诸子兴办私学的头，在西周的王官之学，亦即官服的教育出现了巨大困境之后，孔子创立私学，应该说是在西周王官之学的衰微破败的形势下，为上古中华文化教育的存亡继绝，摸出了一条新的出路。孔子更是由此被人们称为"圣人先师"，以后历朝历代，民间开办私塾时总是让学生先拜完孔子像后再行拜师礼。

　　自两千年前圣人先师孔子兴办私学以来，校园学堂便成了传道授业、培养人才的重要场所。校园生活对一个学生来说是十分重要的，美好的品德、彬彬有礼的气质、深厚的知识底蕴……都是校园生活给学生带来的潜移默化的影响。积极美好的校园生活对一个人的一生无疑有着重要的影响。

第一节　学生与教师之间的礼仪

我们先来看一则故事：

刘庄敬师

汉明帝刘庄是东汉第二位皇帝。明帝总的来说是一位勤勉、明智的皇帝，在位期间，吏治非常清明，境内百姓也是安居乐业。

明帝刘庄又是一位非常尊师重教的帝王，他在当太子时，博士桓荣为太子太傅，后来他继位做了皇帝"犹尊桓荣以师礼"。有一次，明帝到太常府去，在那里放了老师的桌椅，请老师桓荣坐在东边的主位上，又将文武百官都叫来，当场行师生之礼。桓荣生病，明帝就派人专程慰问，甚至亲自登门看望，每次探望老师，明帝都是一进街口便下车步行前往，以表尊敬。桓荣去世时，明帝还换了衣服，亲自临丧送葬。明帝能放下自己九尊之躯的至高身份来尊敬老师，可见他的用心与风范，值得大家学习。

尊师重道自古就是中华民族的传统美德，程门立雪、唐太宗敬师、华罗庚不忘师恩、毛主席尊师重教……一个个佳话流传至今。在当今校园生活中，教师不仅是文化知识的传播者，更是学生思想道德的教育者，学生们在学校里接触最多的人也是老师，尊敬老师并与老师和谐相处变得尤为重要。良好的师生关系应是亦师亦友，但并不是说学生见了老师要噤若寒蝉或是出言无状，学生对待老师要有一定的礼仪。

一、尊重老师就要理解老师、体贴老师

古语有"师者，所以传道，授业，解惑也""善之本在教，教之本在师""师道既尊，学风自善"等说法，因此我们不能简单地认为老师是为了某种功利的目的来从事教书育人的工作。老师在夜深人静的时候还在备课、批改作业，十分的精力有八分用在了学生身上。"一日为师，终身为父"，自古都说"事师如事父"。同时老师也将学生看作是自己的孩子一样来用心培养，多少老师都是将最好的脾气留给了自己的学生，却把最差的脾气留给了自己的孩子。所谓"桃李不言下自成蹊"正是用来形容老师的品格高尚，用不着自我宣言，就自然受到人们的尊重和景仰。

二、尊重老师就要尊重老师的劳动果实

《三字经》中提到"养不教，父之过；教不严，师之惰"。教学本身是一件非常辛苦的工作，老师用严谨的态度对待教学，无疑是希望自己的学生能够成人、成才。学生在课堂上严守课堂纪律，不窃窃私语，认真听讲，积极思考，这就是对老师很好的尊重。在学习过程中以进取的心态、严谨的风格，完成老师布置下来的学习任务也是对老师的尊重。有创新意识，对老师的教学提出建议，而不是有不满就对老师出言不逊、当场顶撞老师，同样也是尊重老师的一种表现。

三、尊重老师就要接受老师的教育

"曾子避席"的故事很好地说明了孔子在传授曾子知识时，曾子对老师的尊敬。"避席"在古时是一种非常礼貌的行为，代表着对他人的尊重，当曾子听到老师要向他传授知识时，他站起身来，走到席子外向老师请教，是为了表示他对老师的尊重。曾子的行为值得我们学习，在老师为我们讲解问题、解答疑惑时，我们虽不用"离席"，可也要认真听老师讲解，这也是对老师的一种尊敬。老师对学生的教育，不仅体现在学习上，也体现在学生的成长过程中。

成才是一个漫长的过程，有错误在所难免，关键是能否知错就改，如果能，那既表现出学生的宽广胸怀，也表现出对老师的尊重。遗憾的是有些学生知错但不改错，反而恶意顶撞老师。如果每一个学生都能知错就改，接受老师的教育，这同样也是对老师的尊重。

四、尊重老师就要养成礼貌用语的习惯

对老师有礼貌不要局限在课堂上，学生在课下或是毕业后遇见老师也应该主动与老师打招呼，走进老师办公室前要轻轻叩门，如有问题咨询老师应悉心聆听老师讲解并与老师道谢……与老师交往时良好的态度、礼貌的用语会很好地增进师生感情，真正促进并形成和老师和谐相处的局面。

第二节　同学间的礼仪

我们来看这则故事：

李氏之友

黄生与李氏是同窗好友，在一起读书时感情便十分亲密。分别十年后，二人在路途中偶然相遇。于是李氏把黄生请到家，并叮嘱自己的妻子杀鸡来招待黄生。谁曾想到了晚上，黄生肚子疼得直流汗，流下的汗滴像珠子般大小。李氏夫妇非常惊恐，便要为他找大夫来医治。黄生怕麻烦李氏，坚持不让他们去找医者，只推说自

已是老毛病犯了，并无大碍。李氏不听从，加之担心黄生，坚持要去请大夫。那晚正下暴雨，漫天乌黑，山道崎岖，路滑难行。过了大半夜，李氏带着大夫回来了。所幸李氏将大夫请来了，大夫给黄生进行了针灸，一会儿病就好了。黄生对李氏说："终是我给你添麻烦了！我该怎样报答你呢？"李氏说："我们既有同窗之情又有朋友之义，本来就当很仔细耐心地照顾你，谈什么报答？你若也当我是朋友，这话不许再提了。"第二天天晴了，黄生就告辞离去。从此黄生待李氏更为亲厚，视为知交，二人之间情谊也更加深厚。

人是情感的动物。人除了衣、食、住、行等物质需要外，还有精神上的需要。友情就是一种精神需要。著名主持人崔永元在他的《不过如此》中曾这么描述朋友："朋友，是这么一批人，是你快乐时，容易忘掉的人；是你痛苦时，第一个想去找的人；是给你帮助，不用说'谢谢'的人；是惊扰之后，不用心怀愧疚的人；是对你从不苛求的人；是你从不用提防的人；是你败走麦城，也不对你另眼相看的人；是你步步高升，对你称呼从不改变的人。"珍惜同学之间的友谊，处理好同学之间的关系，这也是学生时代校园生活中非常重要的内容。

一、"与朋友交，言而有信"

范式，字巨卿，山阳金张（今山东金山区）人。年轻时在太学求学，与汝南元伯是好朋友。两人一起学习，后来都请假离开太学返乡，范式对张劭说："两年后回到太学读书，我将到你家拜见你的父母，见一见你的幼子。"于是一起约好了日期。当约好的日期快到的时候，张劭把这件事告诉他母亲，请他母亲准备酒菜招待范式。母亲问："两年前分手时，千里之外约定的话，你就那么确定他会来拜访吗？"张劭回答："范式是一个讲信用的人，他一定不会违约的。"母亲说，"如果真的是这样，那我就为你酿酒。"到了约好的那日，范式果然来到。大家登上大厅一起饮酒，最后开心地分别了。

以上的小故事说明了与同学、朋友交往，要讲信用，言出必行。少做承诺，并保证它们的信誉。一旦做出承诺，无论付出多大代价都要履行。真诚待友，才能获得别人的真诚相待。

二、"君子之交淡如水"

阿拉伯传说中，有两个朋友在沙漠中旅行，在旅途中他们吵架了，一个还给了另外一个一记耳光。被打的人觉得受辱，一言不语，在沙子上写下："今天我的好朋友打了我一巴掌。"他们继续往前走，遇到了危险，被打巴掌的那位差点送命，幸好被朋友救起来了。被救起后，他拿了一把小剑在石头上刻了："今天我的好朋友救了我一命。"一旁好奇的朋友问道："为什么我打了你以后，你要写在沙子上，而现在要刻在石头上呢？"被救的朋友笑笑说："当被一个朋友伤害时，要写在易忘的地方，风会负责抹去它；相反如果被帮助，我们要把它刻在心灵的深处，那里任何风都不能抹灭它。"

这个故事提醒我们，同学、朋友之间会有摩擦，更会有互助。君子之交淡如水，也就是说交朋友并不是以牺牲自我和泯灭个性为代价。对朋友某些过失要持谅解和宽容的态度。

但朋友之间的理解、宽容，并不是可以不讲原则，建立真正的友谊必须以分清正确与错误、正义与邪恶为前提。那种不分是非善恶、只讲"哥们儿义气"的所谓友谊，绝不是真正的友谊。真正的友谊应该是在相互理解基础上的关注和友爱。

三、"毋友不如己者"

古代有一个"割席断交"的故事，据南朝宋刘义庆编写的《世说新语·德行》篇中记载："管宁、华歆共园锄菜，见地有片金，管挥锄与瓦石不异，华捉而掷去。又尝同席读书，有乘轩冕过门者，宁读书如故，歆废书出看。宁割席分坐，曰：'子非吾友也。'"管宁与华歆原来是好朋友，曾经有很长一段时间共坐一张席子上读书。有一天，有达官贵人的车仗从门外经过，引起喧哗，华歆赶出去看热闹，管宁就把席子割为两半，不再与华歆坐在一起，并对他说："你不再是我的朋友。"

近朱者赤、近墨者黑，"割席绝交"的故事说明交友一定要坚持善交益友、乐交诤友、不交损友的原则。

四、"交友贵相知"

孔子有天需要外出，正巧天阴沉的像是要马上下雨，可是他手边正好没有雨伞，这时有人建议说："子夏有，您可以和子夏借。"孔子一听当场就回绝了，说："不可以，子夏这个人比较吝啬，我若是向他借伞，他不给我，别人会觉得他不尊重师长；借给我，他肯定要心疼。"

人无完人，人各不同。和人交往要宽容他人，尊重差异，要知道别人的短处和长处，不要用别人的短处来相处和考验，否则友谊就不会长久。

第三节　校园公共场所的礼仪

校园公共场所，诸如课堂、讲座室、图书馆、食堂、寝室和礼堂等，是同学们学习、生活和娱乐的重要场所，每个人都有责任和义务去维护校园公共场所的秩序。

一、着装要求

同学进入校园公共场合时，尤其是像教室、讲座室、图书馆和礼堂这类正式场合，要穿正式的服装，衣衫要整洁，即便是夏天也不能穿吊带背心、拖鞋。这是对他人基本的尊重。同时仪容也要保持清洁，头发整齐，男同学不要胡子拉碴、鼻毛朝天，女同学不要浓妆艳抹。

二、举止要求

在进入公共场合时，首先要摘掉帽子和口罩，如果不摘掉则被视为无礼的行为。最好不吃东西，如嚼口香糖等，也不要玩手机、交头接耳、睡觉等。此外，坐姿也要端正，女同学在入座时，若是裙装，应用手将裙稍微拢一下，并挺直腰背。男生在座位上时双腿不应过于分开，腿也不要不停地抖动，这都是不雅的坐姿。

三、公共场所礼仪

（一）课堂礼仪

1. 上课礼仪

每一个学生都应该懂得，课前做好充分准备是一种起码的礼貌，是对老师的尊重。作为学生应该提前 2~5 分钟进入教室，不能紧跟着上课铃声走进教室。进入教室后应准备好课本、文具等上课用品，来得早的同学可以为老师做好课前准备，如擦干净黑板、讲台、搬教学仪器等。

老师在宣布上课时，班长喊"起立"的声音应该洪亮，应让班上的每一位同学都能听到，同学起立向老师问候时姿态要端正，不能坐在座位上不起来。

上课迟到的同学应先在教室门外喊"报告"，待老师允许后再进入教室；或者直接从后门悄悄进入，不能打断老师的教学思路与流程，并要在课下找到老师说明迟到原因。

2. 听课礼仪

为了上好每堂课老师都要花费很多的心思，因此学生应以饱满的情绪、集中精神、积极思考，听好每一堂课。

老师在课堂上若是点名提问，被点到的学生应该站起来回答，答不上来的问题应说："对不起，我还没考虑好"，若有疑问，应先举手，经老师允许后再站起来发言，不应边举手边说问题。

在老师上课的过程中，不要交头接耳、窃窃私语，自觉遵守纪律，不吃零食、不睡觉，也是对老师表达尊敬的一种方式。

3. 下课礼仪

下课铃声的响起并不代表老师授课内容的结束，如果下课铃声响起老师还在讲课，同学则不能下课，而要耐心听老师讲完。当老师宣布"下课"并向同学告别说"同学们再见"，同学向老师告别说"老师再见"，待老师离开课堂后，同学们再自由活动。

（二）讲座礼仪

1. 入场礼仪

通常来说，讲座是学校为同学们组织的一项较为自由的学术活动，同学们可自由进出讲座室。但是本着有礼有序的原则，学生应该提前五分钟左右进入讲座室，如果晚到，讲座已经开始，则需从后门悄悄进入，且中途不要随意进出，以示对讲座老师的尊敬。如确实有事需中途退场，尽量不要弄出声响，从后门出去，以免影响讲座老师和其他同学。

2. 听讲座礼仪

同学们在听讲座的过程中，应该认真倾听讲座老师所讲的内容，不要玩手机、睡觉、吃零食等，如有不同的见解，不要窃窃私语，可以在提问环节或讲座结束后与老师探讨。

3. 离场礼仪

当讲座老师向同学们示意讲座结束时，才可离场。离场时，应带走自己产生的纸屑、矿泉水瓶等垃圾，扔进垃圾桶。不随地吐痰或将垃圾直接置于地上，应时刻保持讲座室的干净整洁。

（三）图书馆礼仪

图书是人类智慧的结晶，图书馆是同学们除教室之外最重要的学习和交流知识、获取信息的场所。同学们一旦进入图书馆就要做到"轻、静、洁、净、雅、致"这六个字。

同学们进入图书馆学习应衣着整洁，不能穿吊带、超短裙、拖鞋等进入图书馆。并且进图书馆前应自觉将手机调成静音模式，以免手机铃声响起，影响他人学习。此外更要自觉遵守图书馆的规章制度，爱护图书馆的设施，爱护图书馆的书籍。在图书馆，特别是在阅览室，走路要轻，入座和起座要轻，翻书也要轻，以免影响其他同学学习。与同学交谈时，应轻声细语，若需长时间讨论，应到室外或是专门的讨论室去交谈，切勿在阅览室长时间窃窃私语。图书馆是公共学习场所，有空位人皆可坐，但欲坐在别人旁边的空位时，应有礼貌地询问其旁边是否有人。

在图书馆学习和阅览图书、报刊时，应自觉爱护图书馆的公共设施和图书、报刊。不要在图书和报刊上随意涂抹或是撕折。借了书要及时归还，不要超过应还期限。在查阅资料时，若遇到自己解决不了的问题，可以有礼貌地向图书馆咨询人员请教。

（四）食堂礼仪

学生在学校每天都需要去食堂就餐，学校食堂就餐人数多，就餐时间集中，食堂工作人员往往比较繁忙，因此，以下八点食堂礼仪不可忽视。

（1）在进入食堂时，不要冲、跑、挤。

（2）进入食堂打饭时，应该自觉排队，做到不拥挤、不插队。

（3）如果和师长在一起吃饭，要请长辈先入座。

（4）实行"光盘行动"，尽量不剩饭。骨、刺以及无法吃的其他东西，应放在餐盒边上，不要随地乱吐。

（5）在用餐过程中打喷嚏、剔牙应以手掩口，不对着别人。

（6）当嘴中含有食物时，尽量不要讲话。在就餐过程中也不宜大声喧哗。

（7）准备好餐巾纸，不要用手擦拭油腻的嘴，应该用餐巾纸擦拭。

（8）用餐完毕后及时将餐具放到指定位置，保持就餐地点的干净，尊重食堂员工的劳动。

（五）寝室礼仪

寝室是同学们在学校的家，大学四年，来自五湖四海的小伙伴们能住在一起，这是一种缘分。在寝室需要掌握一些基本礼仪，才不会破坏同学之间的友情。

（1）保持宿舍内的整洁和卫生。

宿舍内的每个人都要保持宿舍内外整洁，并轮流打扫寝室，包括地面、桌椅、橱柜和门窗等。自己的日常生活用品，不要乱丢乱放或是放到他人的地方上，要放在自己的橱柜内。换下的脏衣服、脏鞋袜等必须及时洗干净，以免时间长了影响宿舍里的空气质量。

（2）在不干涉舍友隐私的基础上关爱舍友。

中华礼仪认为过犹不及、物极必反，关心舍友固然是好事，但关心也应有个限度，尤其是不能打着关心的名号去干涉舍友的隐私。每个人都有不想让他人知道的事情，如果强行干预别人的私事，很可能会造成难堪的后果。集体宿舍人多，信件也多，不可以私拆、私藏别人的信件。在集体生活中，每位同学都要尊重别人的隐私、人格，凡是别人不愿谈及的事，不要去打听。

（3）宿舍之间的串门也要有礼仪。

如果要去其他宿舍串门，应该先敲门，即使门没有锁也不能直接推门而入。在他人宿舍时不能乱用他人物品，不能乱翻动别人的东西。并且讲话声音要轻，以免影响其他同学的正常作息。

（4）要尊重集体生活中的秩序。

出门遇见宿管阿姨和寝室同学时应主动打个招呼，有人和自己打招呼时也要热情回应。在宿舍楼里捡到东西时交到宿管处，不要占为己有。在使用公物时，特别是在公共场所用水或洗衣机时，要注意"先来后到"的秩序，不要因为秩序问题引起不愉快。起床、就寝、熄灯等，都应按照学校规定的作息时间进行。夜间就寝后上下床动作要轻，听音乐或看视频尽量使用耳机，不要影响宿舍其他人休息。

（六）观看晚会、演出礼仪

在校园生活中，晚会和演出无疑是使同学们课余生活丰富多彩的重要组成部分，欣赏一场晚会或是演出是一件非常惬意的事情。只有每个同学都优雅有礼，才能使整场晚会的氛围更加融洽与和谐。观看晚会、演出虽然不像学术交流场合（如教室、讲座室、图书馆等）那样严谨严肃，但也要注意仪容仪表，着便服时也要仪表整洁、落落大方，同样不宜穿吊带背心和拖鞋。其余还需注意以下几点礼节规范。

（1）准时到场。按照规定的开场时间，通常都应提前几分钟到达，对号入座。如不得已迟到了，应悄悄入场。入场时要弯腰行走，以免挡住其他观众的视线。

（2）不遮挡别人。进场后应主动摘下帽子，以免挡住后边观众的视线。坐下后，不要经常左右晃动或来回走动，以免妨碍后排的观众。

（3）不要把自己的脚伸到前面的座位上去，或架在前排座位的椅背上。这是一种非常不雅的举止。

（4）不喧哗吵闹。作为观众，观看过程中不能与同伴谈笑嬉闹，这一行为既是对演员的不尊重也是打扰他人的行为。

（5）不要喝倒彩。在观看期间，遇有精彩之处可以鼓掌、喝彩，以此来表示对演员的赞许。但当在表演或比赛中出现失误时，也不应喝倒彩、吹口哨或发出嘘声。

（6）按顺序退场。演出或集会结束时，不要争先恐后地退场，以免拥挤时发生意外。有些同学怕散场时拥挤，于是在节目还没结束时，就匆匆离去；或中途觉得节目不好，就大摇大摆地中途退场。这些做法都是应当尽量避免的，因为这样做显然会影响别人的观赏情绪。

第三章　仪容仪表与仪态礼仪

引言　作为女人，你必须精致[①]

著名主持人杨澜曾说过这样一句话："作为女人，你必须精致。"短短的一句话却是道出了玄妙的道理。杨澜女士还为我们讲述了这样一个令人感触颇深的小故事：

  1995 年的冬天，如果我再找不到工作，灰溜溜地回国几乎成为唯一的选择。可我再一次被拒绝了。想起那个面试官的表情，我非常想抓狂。她竟然说我的形象和我的简历不相符而拒绝继续向我提问。我低头看自己的打扮，很明显，因为穿着问题，我被她鄙视了。我发誓我可以用我的能力让她收回她对我的鄙视。但我没有得到表现我的能力的机会。
  我的房东莎琳娜太太是一个很苛刻的中年女人。她规定我必须 12 点之前熄灯睡觉，规定我必须在 10 分钟之内从浴室出来，规定我如果不穿戴整齐就不准进入她的客厅，不准我用她的漂亮厨房做中餐，她甚至规定我在她有客人来访的时候必须涂口红！我非常讨厌莎琳娜这种所谓的英伦女人的尊严。但所有人都说，莎琳娜是最好的寄宿房东。
  我看不出她好在什么地方。就好比，当我很多次面试失败回来后，厨房里一点吃的都不会有。并且如果我上楼发出声音，她会站在卧室门口很大声地指责我。
  我刚刚洗完头发，坐在床上，一边翻看报纸的招聘信息一边吃我带回来的面包卷。
  这很是违反了莎琳娜的原则。她冲上前来，一把夺过我的面包和报纸，用英文大吼：你这个毫无素质的中国女孩儿！你滚出我的家！
  我于是披散着头发，在睡衣外裹上大衣，冲出了门。
  25 年来，我以非常漂亮的成绩和能力一路所向披靡，从来没有人说我没有素质。
  我们家并不贫穷，但 25 年来我的妈妈一直告诉我，能力才是最重要的。我不能明白以貌取人在这里居然成为一个正义的词语。这简直是对我 25 年的人生观的侮辱！
  我愤怒地冲进一家咖啡馆，天气实在太冷，我也很饿。咖啡馆的人居然很多。

[①] 引自《杨澜语录》。

侍者以一种奇怪的眼神把我引到一个空座位边，那是咖啡馆里唯一的空位。我的对面是一个英国老太太，她看起来比莎琳娜更加讲究，就像伊丽莎白女王一样尊贵与精致。我下意识地收起自己宽松睡裤下的运动鞋。然后我看到她裙子下穿了丝袜和漂亮高跟鞋的腿，以她这样的年纪，却仍然把这样的鞋子穿得如此迷人。

在欧洲的很多高级餐厅里，衣衫不整是被拒绝进入的。我想我能进来的原因大概是因为我穿了价值不菲的大衣。我不由得暂时收起自己的愤怒，说：给我一杯热咖啡，谢谢。

侍者走开后，对面的老太太并不看我，而是从旁边拿了一张便笺写了一行字递给我，是非常漂亮的手写英文：洗手间在你的左后方拐弯。我抬头看她，她正以非常优雅的姿态喝咖啡，没有看我半眼。我的尴尬难以言明，第一次觉得不被尊重是应该的。

我的头发被风吹得非常凌乱，我的鼻子旁边甚至还沾了一点面包屑！虽然我的大衣质地非常好，但我的睡裤被它衬得很老旧。我第一次有点看不起自己。这样的打扮，我有多不尊重自己，以致使别人觉得我也不尊重她们。我想起下午去面试时自己的日常便装，那应该也是对一个高级经理职位的不尊重吧？

当我再回到座位的时候，那个老太太已经离开了。那张留在铺了细柔格子餐桌布上的便笺多了另一句漂亮的手写英文：作为女人，你必须精致，这是女人的尊严。

我逃也似地走出了那家咖啡厅。莎琳娜竟然坐在客厅里等我，一见我就对我说，我超过了12点10分钟才回来，所以明天必须去帮她清洗草坪。我答应了她，并向她道歉。

我发现莎琳娜教了我许多同样有用的东西：12点之前睡觉能让我第二天精力充足，穿戴整洁美观能让别人首先尊重我，穿高跟鞋和使用口红使我得到了更多绅士的帮助，我开始感觉自己的自信非常充足且有底气，我不再希望别人通过看我的简历来判断我是不是有能力。

我最后一次面试，是一家大牌化妆品公司的市场推广。我得体的着装打扮为我的表现加了分。那个精致干练的女上司对我说：你非常优秀，欢迎你的加入。

我没有想到，我的上司居然就是我在咖啡馆里遇到的那位英国老太太。她非常有名，是这个化妆品品牌的销售女皇！

我对她说：非常感谢你。是真的非常感谢她，非常感谢她那句"作为女人你必须精致"，虽然她没有认出我。是的，没有人有义务必须透过连你自己都毫不在意的邋遢外表去发现你优秀的内在。你必须精致，这是女人的尊严。我在后来的后来，都一直记得！

虽然我们一再强调，不要过分关注一个人的外表而忽视了其内在的品质，即所谓的"以貌取人"，但我们同时也忽视了"以貌取人"的合理性。一个人的形象，是一张名片。衣着得体、外表端庄是对他人的尊重，也是自我成熟的表现。

没有人有义务必须透过连你自己都毫不在意的邋遢外表，去发现你优秀的内在。

第一节　仪容仪表礼仪

我们先看一则小故事：

倾国倾城李夫人临终拒见汉武帝

美貌，自古以来都是后宫女子获得皇帝宠信的基础，可再美的美人也有"迟暮"的一天。所谓"色衰则爱弛，爱弛则恩绝"说的正是美人年老色衰而后恩宠不再的情况。汉武帝刘彻的李夫人无疑是特别且聪慧的，她在美貌已失的情况下，用"特殊"的方式一直挽着汉武帝的心，为自己的家族贡献着自己的最后一点力量。

"北方有佳人，绝世而独立。一顾倾人城，再顾倾人国。宁不知倾城与倾国，佳人难再得！"这是一首歌咏美人的诗。据《汉书》记载，汉武帝十分宠信宫廷乐师李延年，李延年在一次宴会上为汉武帝唱起了这首自己新作的歌。听毕，汉武帝摇头叹息道："世间怎么可能有如此美人？"李延年回禀汉武帝，说自己的妹妹李妍就是这词中美人，面容姣好，身姿倾城。武帝闻之大喜，当即召见，那李延年之妹果然是妙丽无双、色艺双绝。

汉武帝自得到李妍以后，宠之专房，爱若至宝，封其为"夫人"。一天武帝去李夫人宫中，忽然觉得头痒，于是用李夫人的玉簪搔头。这件事传到后宫，人人想学李夫人的样子，头上都插了玉簪，一时长安玉价加倍。

好景不长，李夫人入宫不过短短几年时光，就染病在身，却无药可医。不久就病入膏肓，卧床不起。武帝难过不已，想要亲自前去看望。李夫人一见武帝到来，急忙以被覆面，不肯相见，口中说道："妾长久卧病，容貌已毁，不可复见陛下，愿以昌邑王（李夫人之子）及兄弟相托。"汉武帝说："夫人病势已危，非药可以医治，何不让朕再见一面？"李夫人推辞说："妇人貌不修饰，不见君父，妾实不敢与陛下相见。"汉武帝说："夫人不妨见我，我将加赐千金，并封拜你兄弟为官。"李夫人说："封不封在帝，不在一见。"汉武帝又说一定要看她，并用手揭被子，李夫人转面向内，唏嘘掩泣，任凭汉武帝再三呼唤，良言相哄，李夫人都只是独自啜泣。武帝心中不悦，一怒之下拂袖而去。

此时李夫人的姊妹也入宫探病，见此情形，都很诧异。待武帝走后，她们责备李夫人："你想托付兄弟，当着陛下的面托付不是更好，何苦违忤陛下，让陛下心生不快？"李夫人叹气说："你们不知，我不见皇上的原因，正是为了深托兄弟。我本出身微贱，他之所以眷恋我，只因平时容貌而已。大凡以色事人，色衰而爱弛，爱弛则恩绝。今天我病已将死，他若见我颜色与以前大不相同，必然心生嫌恶，唯恐弃置不及，又怎么会在我死去后照顾我的兄弟？"

几日后李夫人去世，事情的结局果然不出李夫人所料。李夫人拒见武帝，非但没有激怒他，反而激起他无限的痛苦，将李夫人用皇后礼安葬，命画师将她生前的形象画下来挂在甘泉宫。武帝思念李夫人之情日夕递增，他想到李夫人病中嘱托的话，于是封其兄李延年为协律都尉，封其弟李广利为海西侯，食邑八千户。

俗语说得好：爱美之心人皆有之。面对大自然的美景，人们会流连忘返；置身于美妙的旋律中，人们会如痴如醉；遇见美人，人们也会本能地回头多看两眼……连不懂事的小孩都知道爱漂亮。在日常生活中，就是去买一支笔都要挑漂亮的买。虽然人人都知道不能做单纯的"外貌协会"，但是在人际交往中，人们首先注意到的往往都是他人的外表和形象。然而，审美的标准不是一致的，被世人众口一词称为美人的人实在是凤毛麟角，在现实生活中绝大多数都是相貌平平的人，但这些相貌平平的人也会让人感觉到美，这是因为美不仅仅只是体现在容貌上，形体、语言、气质、风度、精神面貌等方面都是使一个人变得优雅有魅力的重要因素，这便是仪表美。

一、仪容礼仪

仪容，通常指的是人的仪表和容貌。其中的重点，则是指人的容貌。在人际交往中，仪容是给人留下第一印象的重点，继而会影响到他人对自己的整体评价。

（一）仪容修饰

仪容美的三大基本要素是面容美、发美、肌肤美，主要要求整洁干净。美好的面容是五官和谐并整洁；柔顺的发质、合适的发型可以给人加分不少；肌肤健美可以使人充满生命的活力，给人以健康自然的深刻印象。因此为了维护自我形象，有必要修饰仪容。

（1）面部。面部护理首先要整洁，要勤洗脸和脖颈，并经常注意去除眼角、口角及鼻孔的分泌物。男生胡须要剃净，鼻毛应剪短，不宜留胡子；女生应定期修剪眉形，要做到眉清目秀，切不可使其"杂草丛生""杂乱无章"。同时可适当化妆，但应以浅妆、淡妆为宜，不能浓妆艳抹，应少量使用清新淡雅的香水，避免使用气味浓烈的香水。

（2）口腔。口腔卫生是仪容维护的重要部分，清新的口气在与他人交谈的过程中可以给人增分不少。因此应当注意口腔卫生，要做到早晚刷牙，饭后漱口，且不能当着他人的面用牙签、牙线剔牙。在出入公共场所时，应避免食用有刺激性气味的食物，以免口气"熏天"。同时有条件的话可以随身携带一瓶口腔清新液，次之用薄荷味口香糖代替也可，总之，应时刻保持口腔清新无异味。

（3）发型。发型可以改变一个人的形象与气质。保持头发干爽清洁，无头屑，并将之梳理整齐，是发型美最基本的要求。发式自然大方，不留古怪发型，同时也可以根据脸型来探索最适合自己的发型。男生的发型应前不触眉，后不触领，侧不过耳，但不可光头。女生如有刘海应梳理整齐，不要盖过眉，刘海容易显"油"，应时刻注意清洗，同时还不应将头发染成各种艳丽的颜色。

（4）指甲。无论男生女生都不宜留长指甲，需定期修剪，指甲的长度不应超过手指指尖。且要保持指甲的清洁，指甲缝中不能留有污垢。

（5）身体。尤其是男生要勤洗澡，勤换衣服，消除身体异味。体毛和鼻毛必须要修整，不然很容易影响整体形象。

整体仪容的基本要求是整洁。整洁，即整齐洁净、清爽。要使仪容整洁，重在持之以恒。仅这一条，就与自我形象的优劣关系极大。

（二）内在修养

优雅的仪容同时要求内在美。俗话说"胸有文墨怀若谷，富有诗书气自华"。精致美丽的容貌会让人眼前一亮，但丰富的学识却会让人经久不忘。修养会内化为气质且通过人的容貌、神情等显现出来。

（1）品质。《弟子规》中曾提道："弟子规，圣人训。首孝悌，次谨信。泛爱众，而亲人。有余力，则学文。"所谓"人才"，可见"要成才必先成人"。这里的"成人"指的是把人培养成为正派、正直、品行端正的人。在《仓央嘉措全集》中有这样一段话：

我问佛：为何不给所有女子闭月羞花的容颜？
佛曰：那只是昙花的一现，用来蒙蔽世俗的眼
没有什么美可以抵得过一颗纯净仁爱的心
我把它赐给每个女子
可有人让它蒙上了灰

可见，一颗善良有责任的心才是最本真的美丽，是历尽铅华过后的返璞归真。善良、仁爱、宽容、自律、诚信……这些美好的品质是为人立世的基础。

（2）读书。丰富的学识和修养，也是人的内在美所不可缺少的。读书能够修身养性。古话说："读万卷书，行万里路。"故读书又称卧游，山川如指掌，古今如对面，乃广义的游览。读史使人明智，读诗使人灵秀，数学使人周密，科学使人深刻，伦理学使人庄重，逻辑修辞使人善辩，凡有所学，皆成性格。这也正是古语说的"开卷有益"。在读书的过程中，气质就在不知不觉间得以升华。

（3）情怀。人的一生若无情怀看似没有什么实际性的损失，但人生的色彩便会暗淡许多。琴棋书画不用样样精通，起码能够欣赏。压力大时，泡一杯清茶，听一曲欧洲中世纪的钢琴曲或是中国古典乐古琴曲，可以让心慢慢静下来，不再浮躁。情怀实际就是一种高尚、平和的心境，无论何时，拥有一份淡然的心境可以使人散发出高雅的气质，也会在不知不觉间影响他人。

真正意义上的仪容美，应当是仪容修饰和内在修养的高度统一。忽略其中任何一个方面，都会使仪容美失之于偏颇。

二、仪表礼仪

仪表是人的内在素质的外在表现，它代表着一个人在社会生活中的总体形象。仪表是

人的容貌、气质、语言、风度及精神风貌的综合反映，每个要素都在人的仪表中起着重要的作用。

（1）气质。有些人虽然长得不漂亮，但与之相处却会觉得很舒服。一个人的气质美，是美的全部表现。气质美，会使人们忽视其貌而永存其美。人的容颜会随着时间的流逝而改变，但气质是不会随着时间而改变的。气质离不开内涵，它是融入骨血的修养，也是品位的象征。气质美，至少蕴藏着真诚和善良，一个人如果没有美好的品德和善良的品质，那就谈不上有气质，而没有气质的人是谈不上有仪表美的。

（2）语言。人与人之间的交流大多是依靠语言进行的，语言可以说是展示一个人内心世界的媒介，优雅的谈吐是一个人内部修养的外在表现。奥黛丽·赫本主演的电影《窈窕淑女》改编自萧伯纳的戏剧剧作《卖花女》，其中的卖花女伊莉莎·杜利特尔，长得眉清目秀，聪明伶俐，但出身寒微。由于出身的关系，她说着一口粗糙的方言。一天，伊莉莎低俗的口音引起了语言学家希金斯教授的注意，教授夸口只要经过他的训练，卖花女也可以成为贵夫人。他从最基本的字母发音开始教起，对伊莉莎严加训练。有一次，希金斯带伊莉莎去参加母亲的家宴时，她用着最正宗的普通话与贵妇们交谈，字正腔圆，嗓音也是温婉动听。年轻的绅士弗雷迪被伊莉莎的美貌和谈吐自若的神情深深打动，为其着迷，竟然丝毫也认不出她就是曾经在雨中向他出售鲜花的出身低微的卖花姑娘。可见，一个人的言语谈吐是多么重要，只有美丽的外表而没有优雅的谈吐不过是金玉其外败絮其中。

（3）风度。"美没有一个绝对的标准，常常是你认为美的，他认为不然；而令彼目定神驰者，此又未必欣赏。见仁见智，难得统一。像对宋庆龄这样众口一词，甚至无分男女老少，从高级干部，到司机、警卫、勤杂人等均无异议，倒也是平生头一次遇到。"以上这段话是著名作家柯岩用来形容国母宋庆龄的。宋庆龄是端庄、宁静、温柔、睿智、贤惠的化身，她不孤傲，时刻都很有礼貌、很优雅，她的一举一动都表现了女性所独有的气质、风度和魅力。

（4）心态。积极的心态创造积极的人生，消极的心态创造消极的人生。只有真正热爱生活、具有生命力的人，才能使自己的仪表由内到外地焕发出勃勃生机，并影响到他人，从而真正展现仪表美。

第二节 仪态礼仪

我们在第一章第一节时讲到了"孟子休妻"的故事，只因孟子在将要进房间时看见自己的妻子"伸开两腿坐着"，便向母亲表达出了自己的休妻之意。这是为什么呢？因为古人是非常讲究礼仪的。坐姿有坐姿专门的礼仪。古人认为唯一正规的坐姿是跪坐，即臀部搁在脚踝上，跪坐是对对方表示尊重的坐姿，也叫正坐：席地而坐时，臀部放于脚踝，腰背要挺直，双手规矩的放于膝上，身体气质端庄，目不斜视。有时为了表达说话的郑重，臀部离开脚踝，叫"长跪"，也叫"起"，乐羊子妻劝丈夫拾金不昧时，就用这个姿势说话。

孟子妻"踞"而坐，即使在家人面前也是不允许的。

古代人比之现代人更加重视礼仪，古人认为"行礼"不仅是出身、修养的体现，更是尊重他人的表现，加之古代往来不便，有时一别之后不知何年再见，甚至终身不再相见，所以古人在相交的过程中愈发注重自己的礼仪与仪态。良好的仪态与礼节在现代社会同样重要，"仪态得体，站有站相、坐有坐相"是对一个人仪态修养最基本的要求。

仪态，通俗理解，是指人的仪表和姿态。人的年龄、体型等在相对的一段时间内不会发生太大变化，而人的神态、行为、一举一动却随时在变化，而且可控性也很强。因而我们要学会把握"动态"的仪态。

一、表情礼仪

表情是人们通过面部情态来表现内心情感的方式。真诚的微笑和坦诚的眼神就像无声的语言一样可以传达信息，表情礼仪探讨的正是眼神、笑容等方面的问题。

（一）眼神礼仪

眼睛是人的五官之首，更是面部表情的核心。在与人交往时，从一个人的目光中，可以看到他的整个内心世界。一个良好的交际形象，目光是坦诚、亲切、友善、炯炯有神的。眼神的运用要注意时间、部位、方式等三个方面。

（1）视线接触时间。

在交谈的过程中，听的一方通常应多注视说的一方，目光与对方接触的时间一般占全部时间的三分之一，这是让人舒服的、可以感受到友好的目光接触时间。在交谈时，听者的目光四处游离则会给人蔑视之感；一直盯着对方会给人敌视之感，都是令人不舒服的目光接触。

（2）注视的部位。

注视的部位在眼神礼仪中也是大有讲究的，比如眼神凝视对方眼睛及以上的部分会给人一种正式、严肃之感；眼神盯着对方双眼到唇心这个区域，则会给人以放松、舒适之感；眼神注视着对方的唇或胸前第二个纽扣的位置，则会给人以亲近之感，适用于恋人与家人之间。

（3）注视的方式。

眼神的注视方式有直视型、他视型、转换型、柔视型、无神型和热情型六种类型。直视型，顾名思义就是直勾勾地盯着对方，会使对方产生压迫感，用于审问犯人；他视型和转换型是指在他人讲话时眼睛不是望着别处便是四处游移，这两种都是不尊重对方的表现；柔视型，虽然也是直视说话者，但目光柔和会灵活变化角度，有神却不失温柔，是交谈时最恰当的注视方式，给人以轻松、舒适之感；热情型的注视方式会给人热情高涨、饱满之感，但这种注视方式并不是适用于所有场合，因此应选择性使用。

（二）微笑礼仪

"微笑礼仪"在现代已经发展成了日常人们见面常用的礼仪，它使人觉得和蔼、可亲、文明。微笑应是发自内心、自然流露的表情。轻松友善的微笑，要自然、美好、真诚，切忌虚假造作、故作欢颜、曲意奉承。另外，在融洽的气氛中，当对方向自己笑时，要有所回应，这也是最起码的礼貌。微笑分为含笑、微笑和轻笑。

（1）含笑：只动嘴角肌，有淡淡的笑意，适用于人与人初次见面、初次视线接触。

（2）微笑：比含笑的幅度稍大，可微微露齿，适用于在彼此关系进一步熟悉时的视线接触。

（3）轻笑：一般可露出 6~8 颗牙齿，表达真诚、平和和满意的情绪。

（三）整体表情

在公共场合或是社交场合，人的整体面部表情是十分重要的。在正式场合，说话时最好不要牵动眉眼，"眉飞色舞""愁眉不展""挤眉弄眼""嘴歪眼斜"等类似的表情都是不雅观的，同时也会给人不稳重的感觉。交谈时同时也要注意说话时口型的中正，不要歪扭。

二、举止礼仪

一个人所展现出来的仪态美实际上是教养、风度和魅力的综合体现。那什么是风度呢？风度可以理解为一个人举手投足间流露出来的气质。那什么是一个人的魅力呢？魅力就是一个人美妙的、自然的造型。古人所讲的，立似松、坐如钟、行似风、卧如弓，实际上讲的是约定俗成的美。

（一）体态举止的内涵精神

举止优雅的重要性表现在以下三个方面：

第一，举止优雅、风度翩翩可以直接给人留下一个美好的印象，初步获得他人的认可。无论是何人，他们的心都是向举止得体、彬彬有礼的人打开的。态度生硬、举止粗俗只会使人倍生厌恶之情、憎恶之感。

第二，举止优雅的人往往能更快地得到他人的尊重，更容易走向成功。平心而论，你会去发自内心尊重一个行为、言语都粗俗不堪的人吗？我们只会把尊敬的目光投注到那些温文尔雅的人身上。因为他们优雅的行为可以让人心生愉悦，也可以使人平和下来，自然就会对他们心生亲近，愿意帮助、尊重他们。再加上温和文雅的人心平气和，善于克制，具有耐心和毅力，因而较易取得成功。而粗俗的举止总会给人带来不快和烦躁，从而让人不喜。而他们的任性和粗暴也使他们与成功无缘。

第三，培养自己优雅的举止和文雅的个性也有助于自我身心的健康发展。中医指出，人的情绪在很大程度上影响着健康，而只有温和文雅的人才能保持情绪的平衡和稳定，获得身心的健康。

（二）几种举止规范

1. **挺拔如松——站姿**

"站有站相"是我国礼仪要求中对一个人礼仪修养最基本的要求。挺拔、典雅的站姿是一种体态的美，良好的站姿能衬托出一个人良好的气质和风度。站姿是男女有别的。男生的站姿要求稳健,所谓"刚武有力",即刚健、强壮潇洒的站姿;女生的站姿要求优雅柔美,所谓"亭亭玉立",即轻盈、娴静、典雅的站姿。

(1)标准站姿的要求。

站立时,头要正,下颌微收,肩要并,并微向后张,双肩自然下垂;要挺胸,收腹,立腰;两腿挺直,两膝并拢,两脚跟靠紧;除此之外,表情还要自然,眼睛平视,环顾四周,面带微笑(如图)。

(2)与人交谈时的站姿要求。

站着与人交谈时,双手或下垂或叠放于下腹部,右手放在左手上,不可双臂交叉,更不能两手叉腰,或将手插在裤袋里,或下意识地做小动作,但可以随谈话内容适当做些手势加以辅助说明。

(3)站立的休息姿势。

站立时间较长或是场合比较放松时,左脚或右脚可向后撤半步,重心移到后撤的脚上,两脚相互替换休息。两脚替换休息时,腿不能弯曲,上体必须保持正直。

(4)男生的站姿礼仪。

男生的标准站姿有两种:

一种身体立直,抬头挺胸,下颌微收,双目平视,嘴角微闭,双手自然垂直于身体两侧,双膝并拢,两腿绷直,脚跟靠紧,脚尖分开呈"V"字形(如图)。

第二种身体立直，抬头挺胸，下颌微收，双目平视，嘴角微闭，双脚平行分开，两脚之间距离不超过肩宽，一般以 20 厘米为宜，双手在身后交叉，右手搭在左手上，贴于臀部（如上图）。

（5）女生的两种站姿礼仪。

V 字形站姿动作要领及手位摆放：抬头、挺胸、收腹、提臀、下颌微收，双肩放松，两手放下在肚脐处呈交叉式放置或者两手并拢，手指中指紧贴裤缝，整个身体呈军姿站立。腰部自然挺直，双肩放松，呼吸自然匀称。双脚脚后跟并拢，脚尖分开成 60 度左右，两腿需微用力。平时军训时、升国旗仪式时、正式场合时需要此种站姿。

丁字步站姿动作要领：一般情况下左脚在前右脚在后，左脚的脚后跟放于右脚的脚窝处两脚呈丁字形站立，抬头、挺胸、收腹、提臀、下颌微收，颈部挺直，双肩放松，两手放下在肚脐处呈交叉式放置。腰部自然挺直，双肩需放松。

（6）需克服的动作。

头部不宜探头或者低头，站立时不能依靠柱子、桌子；女生站立时不能分开腿站立，更不能抖动双腿，或晃动身体；站立时不能弯腰驼背；在正式场合站立时禁止双手抱胸，随意摆弄手指或放入口袋等。

（7）站姿练习。

背靠墙练习站姿：

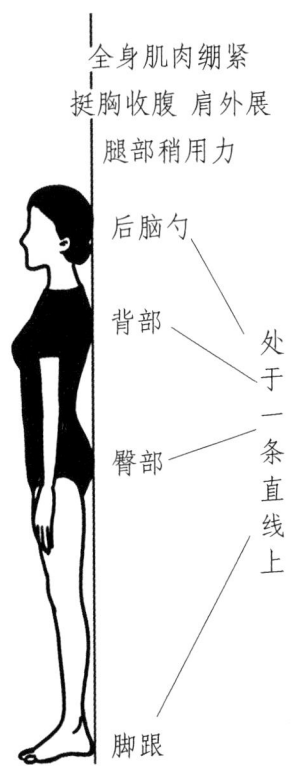

自我训练要领：

a. 后脑、双肩、臀、小腿、脚跟等紧靠墙面。

b. 立腰、收腹，使腹部肌肉有紧绷的感觉；收紧臀肌，使背部肌肉也同时紧压脊椎骨，感觉整个身体在向上延伸。

c. 挺胸，双肩放松、打开，双臂自然下垂于身体两侧。

d. 使脖子也有向上延伸的感觉，双眼平视前方，脸部肌肉自然放松。

2. 端坐如钟——坐姿

坐姿与站姿同属于静态姿势。正确规范的坐姿应该是端庄而优美的，给人以文雅、稳重、自然大方的美感。坐是人们行为举止的主要内容之一，无论是伏案学习、参加会议，还是会客交谈，无论是正式的场合还是放松的场合，都离不开坐。坐，作为一种举止，有着美与丑、优雅与粗俗之分。坐姿要求"坐如钟"，指人的坐姿像座钟般端直，当然这里的端直指上体的端直。

（1）坐姿的标准要求。

入座时要轻、稳、缓，要做到"左进左出"，即从椅子左边走到座位前，转身后轻稳地坐下。女子入座时，若是裙装，应用手将裙子稍稍拢一下再坐下，以防压到裙子，致使起身后裙子出褶。一定不要坐下后再拉拽衣裙，那是非常不雅观的举动，而应再次起身将裙子拢好后再坐下。正式场合一般从椅子的左边入座，离座时也要从椅子左边离开，这是一种礼貌。如果椅子位置不合适，需要挪动椅子的位置，应当先把椅子移至欲就座处，然后入座。而坐在椅子上移动位置，则是不优雅的行为，同样也是有违坐姿礼仪的。

入座后，神情仪态应从容自如，双肩平正放松，上体自然挺直，两臂自然弯曲放在腿上，亦可放在椅子或是沙发扶手上，总之应以自然得体为宜。女士双膝自然并拢，双脚并拢或交叠或成小"V"字形。男士两膝间可分开一拳左右的距离，脚态可取小八字步或稍分开以显自然洒脱之美，但两膝盖之间的距离过分打开，则会显得粗俗和傲慢。

坐在椅子上时，应坐椅座的2/3，腰背挺直，切记不可驼背，也尽量不要靠在椅背上。宽座沙发则坐1/2。离座时要自然稳当，从座椅左侧离开。

（2）交谈时的坐姿。

谈话时应根据交谈者方位，将上体双膝侧转向交谈者，上身仍保持挺直，不要出现弯腰驼背的不雅姿态。

（3）男生的几种坐姿。

开膝式：在基本坐姿（入座式）的基础上，两腿分开不超过肩宽。

叠放式：在基本坐姿的基础上，左（右）腿垂直于地面，右（左）叠放于上面，注意不要形成"4"字形坐姿。

（4）女生的几种坐姿。

标准式：即前文提到的入座式。

双腿斜放式：即侧点式，在基本坐姿的基础上，两腿并拢，将两脚同时放于左侧或右侧。

脚踝盘坐交叉式：即前交叉式，在基本坐姿的基础上，将两脚踝盘住，交叉垂直于地面。注意膝盖并拢，两脚尖外展。

斜叠式：即侧挂式，在基本坐姿的基础上，左（右）腿斜放，右（左）腿叠放于另一腿上，注意脚腕绷直，脚尖外展。

（5）需克服的动作。

① 切忌在座椅上前俯后仰，东倒西歪，弯腰驼背。

② 不论男士还是女士都不可摇腿，跷脚或将双腿分开，在正式的社交场合中尽量不跷二郎腿。

③ 不可大腿并拢小腿分开，或双手放于臀下。

④ 不可腿脚不停抖动。

⑤ 与客人交谈时，一定要坐正。如果是初次见面尽量不跷腿，尽量不做多余的动作，例如抠手指、拉衣服、整头发等，这都会破坏坐姿的美感。不要把脚搭在椅子或沙发扶手上，不要架在茶几上，也不要把两腿笔直地向前伸，两膝不要分得太开。

> 趣味延伸阅读

坐姿看性格[①]

身体和语言一样，随时都可能透露我们内心的秘密。心理学家发现，连无意识摆出的坐姿，都与性格有微妙的联系。

① 将椅子转过去骑着坐。这样的人显得自信好胜，但内心的防御性多半很强，不太爱与人交心。

② 喜欢抖腿。这样的人多数聪明，反应快，接受能力强，但不是很有耐心，内心有浮躁或焦虑的一面，有时给人不够稳重的感觉。

③ 端坐在椅子前半部分。这种人一般性格内向，谦虚有礼，善于倾听、体谅别人。他们多半个性成熟、亲和力强，容易受人信赖。

④ 双腿张开，伸得很长。这种人一般性格外向、开朗、不拘小节，但有时比较傲慢、霸道、支配性强。容易发脾气、耍性子，不愿退让。

⑤ 前胸紧靠桌子，双腿并拢。这种姿势显得内向、拘谨、有些害羞，不够自信。这样的人多半不太果断，缺乏灵活性。

⑥ 跷二郎腿。这样的人通常自在随性，有时有些自大，喜欢挑剔，喜欢对别人的事指手画脚，爱给人提建议。

⑦ 双腿自然分开，手放腿上。这是古代男性的标准坐姿，体现出闲适、儒雅的气度。这种人通常稳重，值得信赖。

⑧ 喜欢靠着椅背。这样的人可能性格慵懒、散漫，做事拖沓，对自己要求不高，对别人也比较宽容。

[①] 引自百度文库，教育学 | 心理学，《心理学家教你由坐姿看性格》。

3. 恰当优雅——蹲姿

在日常生活中，人们对掉在地上的东西，一般会弯腰将其捡起，则会出现弯腰曲背、低头撅臀等不雅观的现象，尤其是穿裙子的女生如果下蹲的姿势不正确，既不雅观，同时也不礼貌。

蹲姿是人在处于静态时的一种特殊体位。蹲姿要领：下蹲时一脚在前，一脚在后，两腿向下蹲，前脚全着地，小腿基本垂直于地面，后脚脚跟提起，脚尖着地。女性应靠紧双腿，男性则可适度地将其分开。臀部向下，基本上以后腿支撑身体。一定要腿部弯曲，切记不可只撅臀不弯腿。

（1）蹲姿的基本要求。

① 下蹲拾物时，应自然、得体、大方，不遮遮掩掩。

② 下蹲时，两腿合力支撑身体，避免滑倒。

③ 女士无论采用哪种蹲姿，都要将腿靠紧后弯曲，臀部向下。应使头、胸、膝关节都均匀用力，使蹲姿优美。

（2）几种常见的蹲姿。

交叉式蹲姿：交叉式蹲姿多用于女士，下蹲时右脚在前，左脚在后，右小腿垂直于地面，全脚着地。左膝由后面伸向右侧，左脚跟抬起，脚掌着地。两腿靠紧，臀部向下，上身稍前倾。

高低式蹲姿：高低式蹲姿男女皆可用，下蹲时右脚在前，左脚在后，但两脚距离不可过远，两腿靠紧向下蹲。右脚全脚着地，左脚脚跟提起，脚掌着地。左膝低于右膝，左膝内侧靠于右小腿内侧，形成右膝高左膝低的姿态，臀部向下，基本上以左腿支撑身体（如图）。

（3）需克服的动作。

弯腰捡拾物品时，两腿叉开，臀部向后撅起，是不雅观的姿态，两腿展开平衡下蹲，其姿态也不优雅。蹲时注意内衣"不可以露，不可以透"。

（4）蹲姿要点。

迅速、美观、大方是规范蹲姿的基本要点。若用右手捡东西，可以先走到东西的左边，右脚向后退半步后再蹲下来。同时背部要保持挺直，臀部一定要蹲下来，避免弯腰翘臀的不雅姿势。男士两腿间可留有适当的缝隙，女士则要两腿并紧，穿旗袍或短裙时需更加注意，以免尴尬。

4. 潇洒如风——走姿

行走是人的基本动作之一，属于动态举止，最能体现出一个人的精神面貌。行走姿态的好坏可反映人的内心境界和文化素养的高下，大文豪巴尔扎克说："巴黎的女性是走路的天才。"不管她们的身材如何，由于她们走姿优美，都展现出了她们的绰约风姿。

（1）走姿的基本要求。

走姿是站姿的动态动作，行走时，必须保持站姿中除手和脚以外的各种要领，如挺胸抬头，下颌微收，面部自然，走路使用腰力，身体重心宜自然稍向前倾。此外步距要均匀，约一脚到一脚半的距离，男士的步距可以稍微大一些。

女性穿裙子或旗袍时尽量走成一条直线，使裙子或旗袍的下摆与脚的动作协调，呈现优美的韵律感；穿裤装时，宜走成两条平行的直线。

无论男士还是女士出脚和落脚时，脚尖、脚跟应与前进方向近乎一条直线，避免"内八字"或"外八字"。

两手前后自然协调摆动，手臂与身体的夹角一般在 10°～15°，由大臂带动小臂摆动，肘关节可微曲。

（2）走姿需克服的动作。

在行走的过程中，双臂切忌做左右式的摆动；切忌走外八字或内八字；不要低头后仰，也不要扭动臀部；切忌步履蹒跚，腿不伸直，脚尖先着地等不雅的步态（尤其是女生在穿高跟鞋时应特别注意）。

（3）男生走路。

男生在走路时应昂首，闭口，两眼平视前方，挺胸收腹，直腰，上身不动，两肩不摇，步态稳健，显出刚强之美。

（4）女生走路。

女生在走路时应头部端正，不宜抬得太高，目光平和，直视前方，上身自然挺直，收腹，两手前后摆动幅度要小，两腿并拢，步幅也要小，穿裙装时尽量走成直线，步态要平稳自如。

5. 首势与手势

（1）首势。

在仪态举止礼仪中，"首语"也是一种人与人之间交流的语言，人们总会无意识地将自己想表达的想法通过头部的姿势表现出来，那么头部会有哪些常见的动作呢？

点头。点头的动作可以说是人类最常见的动作之一了。点头通常代表着肯定或者赞同的态度，其实点头可以当作鞠躬的简化动作，鞠躬表示顺从，点头表示赞同。但在有些国家例外，如保加利亚等国家，点头表示"不"的含义。此外，点头还可以用在熟人之间互相打招呼。

摇头。摇头可以说是人类与生俱来的表示否定态度的惯用动作。观察婴儿便可以发现，当婴儿吃饱后，如果继续给他奶水，婴儿会摆动脑袋来表示不需要。可以说，摇头是表达拒绝最直观的方式。

抬头。如果你正在伏案工作，有人走过来有话对你说，那么只有当你抬头看着来人的时候，对方才知道你有意要听了，这时他就会和你讲话。由此来看，抬头是有意投入的表现。在谈话时，抬头的人往往持中立意见。

低头。低头的基本信息是压低自己来隐藏自己的脸部表情，一般表示谦卑或者害羞或是隐藏不满的情绪。但是上位者对下位者低头则表示友善。

歪头。歪头表示当听话者对所听到的内容很感兴趣时，会将头往一侧倾斜，面部表情专注或带微笑。

（2）手势。

手势语言在人们的交流中起着非常重要的媒介作用，所谓"言有尽而意无穷"，手势可以帮助我们更好地表达语言所表达不出的感情。人在紧张、兴奋、焦急时，手都会有意无意地表现出来。作为仪态的重要组成部分，手势应该得到正确地使用。手势也是人们交往时不可缺少的动作，是最有表现力的一种"体态语言"，即俗话说的"心有所思，手有所指"。手的魅力并不亚于眼睛，甚至可以说手就是人的第二双眼睛。

但要注意的是，手势不是通用的，同一手势在不同的国家或地区所表示的意义有可能是不同的，因此我们在选用手势时一定要了解当地风俗文化并慎重选用。

以下是几种典型常用的手势[①]：

招手。在中国多是用来招呼别人过来或是叫出租车，在美国则是叫狗过来，是不礼貌的行为。

跷起大拇指。在大多数国家和地区一般都表示顺利或夸奖别人。但也有很多例外，在美国和欧洲部分地区，表示要搭车；在德国表示数字"1"，在日本却表示数字"5"；在澳大利亚表示骂人"他妈的"。

OK手势。拇指、食指相接成环形，其余三指伸直，掌心向外。OK手势源于美国，在美国表示"同意""顺利""很好"的意思；在法国表示为"零"或"毫无价值"；在日本表示为"钱"；在巴西表示粗俗下流。

V形手势。这种手势是二战时的英国首相丘吉尔首先使用的，已传遍世界，是表示"胜利"的意思。

举手致意。也叫挥手致意。用来向他人表示问候、致敬、感谢。当你看见熟悉的人，又无暇分身的时候，就举手致意，可以立即消除对方的被冷落感。要掌心向外，面对对方，指尖向上。

与人握手。在见面之初、告别之际、慰问他人、表示感激、略表歉意等时候，往往会以手和他人相握。握手一定要注意先后顺序。握手时，双方伸手的先后顺序应为"尊者在先"。即地位高者先伸手，地位低者后伸手；女士先伸手，男士后伸手。切忌不可一人同时

[①] 引自人人网，不同国家各种手势的含义。http://blog.xiaonei.com/GetEntry.do?id=358109712&owner=226080861

与多人握手，也不可左右手同时与他人握手。和人握手时，一般握上 3~5 秒钟即可。

（三）几种个人举止行为的禁忌

（1）出席正式场合前，必须把衣裤整理好，不能在公共场合系领带、系腰带、提裤子等。

（2）在公众场所不要当众挖耳朵、揉眼睛、也不要随意地剔牙齿、剪指甲等。

（3）在公共场合不宜高声谈笑、大呼小叫、讲脏话，讲话声音的大小应不以引起他人注意为宜。

（4）在参加正式活动前，不应吃带有刺激性气味的食品，例如大蒜、葱、韭菜等，避免自己在与他人交流时口中发出异味。

（5）要尽量避免和克制在公共场合及他人面前打哈欠、伸懒腰、对人打喷嚏、打嗝或发出其他不雅的声音。

（6）女生若需要补妆的话，应前去洗手间，在人前补妆同样是失礼的行为。

（7）要时时刻刻注意自己的个人卫生。个人良好的仪容卫生，给人以端庄、稳重、大方的印象。既能体现自尊自爱，又能表示对他人的尊重。

第四章 微笑礼仪

引言 十二次微笑

这是一个笔者亲眼所见、真实发生的小故事，见证了微笑的力量与魅力。飞机起飞前，一位乘客因为需要吃药而请求空姐给他一杯水。这位空姐很有礼貌地回答说："先生，现在飞机即将起飞，为了您的安全，请稍等片刻，等飞机平稳飞行后，我会立刻把水给您送过来，好吗？"

在飞机平稳飞行后，由于忙于其他一些工作，这位空姐忘记了给那位需要吃药的乘客送水！这时，乘客服务铃突然响了起来，空姐来到客舱，看见按响服务铃的是刚才那位乘客。她小心翼翼地把水送到那位乘客面前，并面带微笑和歉意地说："先生，实在对不起，由于我的疏忽，延误了您吃药的时间，我感到非常抱歉。"这位乘客显然非常生气，抬起右手，指着左手手腕上的手表说道："这都多长时间了，你当时是怎么说的，怎么要杯水都要不来，你们航班的服务态度怎么这么差！"空姐手里端着水，心里感到很委屈，但是，无论她怎么解释，这位挑剔的乘客都不肯原谅她的疏忽。

在接下来的飞行途中，为了补偿自己的过失，给这位乘客留下一个好的印象，每次去客舱给乘客服务时，空姐都会特意走到那位乘客面前，面带微笑地询问他是否需要水，或者别的什么帮助。然而，那位乘客显然是余怒未消，始终绷着一张脸，并不理会空姐。

临到目的地前，那位乘客要求空姐把留言本给他，空姐心中十分难过和委屈，她以为这位乘客肯定是要投诉自己。然而空姐打开乘客留下的留言本时，她却惊奇地发现，那位乘客在本子上写下的并不是投诉信，相反，这是一封热情洋溢的表扬信。

在信中，空姐读到这样一句话："在整个过程中，您表现出的真诚的歉意，特别是你对我的十二次微笑，深深打动了我，使我最终决定将投诉信写成表扬信！你的服务质量很高，下次如果有机会，我还将乘坐你们的这趟航班！"

在人类的所有表情中，最简单也最丰富，同时又最有力量的，莫过于微笑。微笑总有一种神秘的力量。

美国著名"旅馆大王"希尔顿在经济困难时，由于推行微笑服务，其旅馆由濒临破产发展到在世界上拥有70多家旅馆，其资产总值达数十亿美元。而一个普通贵妇的微笑，不仅成就了一幅名画《蒙娜丽莎》，也成就了一位名叫达·芬奇的画家。

平凡的日子中，我们更离不开微笑。当我们微笑面对生活中的一切荣辱得失，微笑着接纳身边每一个人，我们会感受到自己内心的平和与淡淡的喜悦。当我们懂得了微笑，感悟到了微笑的力量，我们便懂得了微笑的魅力。

第一节 传承千年的微笑

微笑，作为一种文明的符号，在中国有着悠久的历史和文化内涵。

中国现在可见的最早的微笑，来自甘肃天水柴家坪的一件仰韶文化时期人面塑像，塑像主人双颊丰满，下颌略尖，眼小微张，嘴唇上翘，优美的弧度如同拱桥，让面部因微笑而生动。还有出土于绍兴坡塘战国早期鸠柱房屋模型中的人物群像，他们满脸怡然自得地微笑着，击鼓、抚琴、吹笙，让两千年之后的人们，还能感受得到他们欢快的心情[①]。

佛教文化中的"佛祖拈花，迦叶微笑"，意味着顿悟和升华。一天，在灵山会上，大梵天王以金色菠萝花献佛，并请佛说法。可是，释迦牟尼如来佛祖一言不发，只是用拈菠萝花遍示大众，从容不迫，意态安详。当时，会中所有的人和神都不能领会佛祖的意思，唯有佛的大弟子——摩诃迦叶尊者——妙悟其意，破颜为笑。于是，释迦牟尼将花交给迦叶，嘱告他说：吾有正法眼藏，涅槃妙心，实相无相，微妙法门，不立文字，教外别转之旨，以心印心之法传给你。释迦牟尼佛祖在大庭广众之下，像这样一言不发，只是带着他那不动声色的微笑，从容不迫，宁静安详，其中微妙究竟何在？

佛祖所传的其实是一种至为祥和、宁静、美妙的心境，这种心境纯净无染、淡然豁达、无欲无贪、无拘无束、坦然自得、不着形迹、超脱一切、不可动摇、与世长存，是一种"无相""涅槃"的最高的境界，只能感悟和领会，不能用言语表达。而迦叶的微微一笑，正是因为他领悟到了这种境界，所以佛祖把衣钵传给了他。

因此迦叶与佛祖在灵山会上心心相印，仅只拈花微笑而已，没有任何其他的表示，但一切尽在不言中，此时无声胜有声。释迦牟尼最后对迦叶所嘱咐的话，也正好是对这种心态的最好证明。这种智慧的微笑，多见于我国云冈、龙门、敦煌等石窟的壁画中。美学大师李泽厚认为，这些热烈激昂的壁画故事，衬托出的是异常宁静的主人：他们长脸细颈神情奕奕，衣裙繁复而飘动，以洞察一切的睿智的微笑，阅尽人间烟火。

在中国古典文学作品中，微笑，本身就是一种美丽的语言。"巧笑倩兮，美目盼兮"，这是《诗经》中的女子，眼波流转、浅笑盈盈地向你款款走来；出自《汉书·外戚传上·孝武李夫人》中的"一笑倾城"："北方有佳人，绝世而独立，一顾倾人城，再顾倾人国。"后以"一笑倾城"形容女子的绝色。"人面不知何处去，桃花依旧笑春风"，这是唐诗中的女子，一笑惊鸿之后，留给才子无限的怅惘；"绣幕芙蓉一笑开，斜偎宝鸭衬香腮"，这是宋词中的女子，芙蓉帐里含羞带笑，令人怦然心动、意醉神迷……这些神韵灵动的微笑，让中国几千年的文明史也为之灵动鲜活。[②]

而美丽的微笑一旦笼罩在权力的阴影之下，不免会失去应有的光彩：褒姒少笑，偶露笑容，更加艳丽迷人。周幽王出重赏，博褒姒一笑者，赏以千金！"回眸一笑百媚生，六宫

[①] 丁锐. 微笑，传承千年的美丽[J]. 文史月刊，2011（1）：卷首语.
[②] 丁锐. 微笑，传承千年的美丽[J]. 文史月刊，2011（1）：卷首语.

粉黛无颜色",是白居易的长恨歌里的诗句,是形容杨贵妃笑容的美丽动人,万种风情和她的美都表现在这回眸一笑之中。杨贵妃的"回眸一笑"、褒姒的"千金之粲"莫不如是;《聊斋》中婴宁的嗤嗤之笑,虽天真烂漫出乎本性,却也带着对现实的抗拒和逃避,"我婴宁迨隐于笑者矣",这是把微笑当成了保护自己的一个面具,令人沉痛而感伤。

唯有发自心灵深处的微笑,才最富有幸福感和满足感。汉景帝阳陵的彩俑,就向我们阐释着发自内心的微笑。这些在"文景之治"盛世制作的"微笑彩俑",个个五官端正,表情愉悦,尤其是女俑面庞丰润、长相俊美、眉似新月、目若秋水、巧鼻微耸、朱唇轻启,充分展示出一种幸福祥和之美。让人由衷地感叹道:什么样的社会、什么样的领导者,才可以让人民展现这样幸福的笑容?①

这些真切的幸福的微笑,闪耀着美丽温煦的光芒,穿透历史的尘埃,直抵人类心灵的最柔软处。这样的微笑,在今天,是我们骄傲的精神财富;在将来,是我们珍贵的文化符号。

第二节 微笑的魅力

据说,微笑最初的产生并不是为了表达高兴喜悦的心情。原始社会,生存环境还很恶劣,常常需要提防周围突然而来的危险。如果一只猿猴,忽然看到草丛有异动,它会本能地五爪齐张、龇牙咧嘴,整个身体处于戒备的状态,随时准备扑击。但是当从草丛中出来的是自己的同类,确定不会对自己造成威胁时,准备攻击的猿猴由于来不及反应,来不及缩起张开的爪,只能姿势呆板地张着一张嘴,露出一口白牙,然后再慢慢放下戒备、收起攻击的姿势。这就是微笑的起源。所以有人说,微笑是反应我们内心开心喜悦的表情,也有人说微笑只是我们对恐惧或沮丧的掩饰。

且不说微笑究竟如何定义,无可置疑的是微笑在我们的生活中占据着重要的位置。拿破仑·希尔这样总结微笑的力量:"真诚的微笑,其效果如同神奇的按钮,能立即接通他人友善的感情,因为她在告诉对方,我喜欢你,我愿意做你的朋友。同时也在说,我认为你也会喜欢我的。"由此可见,微笑不仅能化解人与人之间的矛盾和隔阂,同时也是人与人交流的最好纽带。世界名模辛迪·克劳馥曾说过:"女人若出门时忘了化妆,最好的补救方法便是微笑。"由此说来,微笑对于女人尤为重要。一个懂生活的女人可以不时尚、可以不漂亮,但一定要懂得微笑。

俗话说:"伸手不打笑脸人。"当你对别人投以微笑时,别人就是再不开心也会减轻自己的失落感甚至有可能也对你回以微笑。即是说,微笑能缓解我们的负面情绪。根据中医相关的一系列研究,微笑时,只需牵动我们面部的三根经,便可以放松其他七十三根经;反之,皱眉或其他消极情绪则会牵动面部七十三根经。所以说,爱生气的人容易产生皱纹,易变老,同时也有"笑一笑,十年少"的说法。一个不懂得微笑的人让人感觉严肃、冰冷,

---

① 丁锐. 微笑,传承千年的美丽[M]. 文史月刊,2011(1):卷首语.

让人下意识地不愿与之亲近。而人们总是习惯于亲近面带微笑、平易近人的人，因此爱微笑的人会有更好的人际关系，也更容易获得成功。

微笑更是一种智慧，这种智慧中蕴藏着一种平和、洒脱的人生姿态。如果你真正懂得了微笑，你会更懂得生活的意义，你的心境和更加平和安详、不再浮躁，你的心胸也会像大海一样宽阔。

笔者曾在《意林故事》中，读到过这样一个关于微笑的小故事：

> 在台湾的博物馆和超市，会有一个这样的标识："本馆（或本店）有摄像监视"，但后面的一句话却是不在我们意料之中。按照我们的思维，总认为下一句无非是"勿盗窃""如有盗窃，必罚款"等，全是让人望而生畏、冷冰冰的警告语句。但它的下一句却是"请你保持微笑！"

出乎意料的答案，让我们不由赞叹这从容而有风度、充满善意的忠告。恶传染恶，善传染善。由此可见，当我们大家都保持微笑的时候，周围的世界就像一面明亮的镜子，也保持着微笑，正对着我们。

还有一个关于微笑的小故事：

> 一个小镇上，有一个富翁，虽然他有很多的钱，什么也不缺，但他就是很不快乐。一天，这个富翁垂头丧气地走在路上，迎面走来一个小女孩，小女孩给了他一个很甜美的微笑。这个富翁望着孩子天真的面孔，心中豁然开朗。为什么要不高兴呢？能像这样微笑该有多好啊！于是在第二天，这个富翁就离开了小镇去寻求自己的梦想和快乐。在临走前，他给了这个小女孩一笔巨款。镇上的人觉得奇怪，问这个小女孩，明明不相识的富翁怎么会送她一笔巨额的财富，小女孩天真地笑："我什么都没做，只是对他笑了一下而已。"

"只是对他笑了一下而已。"小女孩一个善意的笑，却换来了巨额的财富，实在令人难以置信。但是，小女孩的微笑感染了富翁，让他一改悲观的情绪，重新有了追寻梦想和快乐的勇气。这就是微笑的力量，这世界上还有什么比梦想和快乐更重要呢？

微笑是一种修养，其实质是亲切、是鼓励、是温馨。真正懂得微笑的人，总是容易获得比别人更多的机会，也总是容易取得成功。通过这个小女孩的经历，我们不难发现，微笑的力量是强大的。微笑可以给予别人希望，同时也是一种无声的语言，是人与人之间交流沟通的最好方式。苏格拉底曾经说过："在这个世界上，除了阳光、空气、水和笑容，我们还需要什么呢？"

微笑是人类最美的表情，不需要刻意去学习，这是上天赋予人类的一个宝贵的礼物。

第三节　微笑的力量

微笑绝对不仅仅是这样一种简单的表情，它更是一种精神，一种态度，一种洒脱，一种感悟。微笑便是"以天下之至柔驰骋天下之至坚",看似柔弱、毫无用处的一笑,却能够消解人们内心深处的阴郁、苦恼和自卑等负面情绪。微笑总有一种力量,可以让人坚忍不拔、自信满满和心头一暖。真的很神奇,一个简单的表情动作却能给人带来心灵上的慰藉。

别吝啬你的一个微笑,因为一个微笑足以温暖一颗心,这或许就是微笑的力量。

悠悠的岁月尘封了那些让人热血与向往的时代,真实发生过的往事也已经成为史书上所记载的文字,然"言有尽而意无穷",我们透过这些文字依然可以通过自己的想象来重现历史。当年的吴下阿蒙,或许仅仅是因为主公孙权的一个微笑,一丝看似微不足道的关爱,才发奋学习,终为东吴开疆破土,并流传下"士别三日当刮目相看"的千古佳话;又或许当年的赵普,仅仅是因为宋太祖赵匡胤一个简简单单的微笑,一个平平常常的问候,才秉烛夜学,终以"半部论语治天下",辉煌北宋江山。当年的孔子行至陈、蔡两国之间时,被昏君派人所拦,困于两国之间,绝粮七日,但他还是心境平和地微笑着教授弟子学识与做人的道理,直到等来了楚国的救援。

我们不得不为他们的那种淡然超俗的态度所折服,不能不为他们的微笑而感动。却不禁为那周公瑾的小气而痛惜万分,倘若他能微笑着面对失败,是不是就不会白白枉费了孙策对他的信任?

微笑,一个简单的表情,却有着巨大的力量。

同样,微笑在人际交往中也有着不可忽略的作用,在人际交往中,保持微笑,至少有以下几个方面的作用:

(1)表现出积极向上的人生态度。面上的微笑体现的是心境的平和与心胸的大度,面带微笑的人往往乐观向上,容易吸引他人、给他人带来良好的影响。

(2)表现出内心的自信。面带微笑,表明对自己的能力有充分的信心。微笑亦是一种风骨,是一种不卑不亢的态度,这往往会被他人所欣赏。

(3)表现出真诚友善。微笑能很好地反映自己的胸怀坦荡,善良友好,使人在与其交往中自然放松,不知不觉地缩短了心理距离,往往能够获得更好的人缘。

但在运用微笑时,还需注意以下几点:

(1)微笑要有不同的含义。不同的微笑会产生出不同的感情。在面对师长时,应该露出尊重、真诚的微笑;在面对晚辈、孩子时应露出关切、关怀的微笑等。

(2)微笑要看不同的人际关系与沟通场合。微笑使人觉得自己受到欢迎、心情舒畅,但对人微笑也要看场合,否则就会适得其反。如当你出席一个庄严的会议,或是去参加一个追悼会,或是讨论重大的政治问题时,微笑是很不合时宜的。因此,在微笑时,一定要分清场合。

(3)微笑的程度与频率要合适。微笑是对对方的一种礼节和尊重,但是一直微笑也是不合适的。微笑要恰到好处,比如当对方看向你的时候,你可以直视他微笑点头。如果不注意微笑的程度与频率,微笑没有节制,就会有失身份,反而会引起对方的反感。

第四节 微笑练习

人们常说爱笑的女孩运气一定不会太差,然而并不是每一个人生来就是个爱笑的人,还有很多人一微笑起来面部表情就不是十分和谐,那么怎么练习标准式微笑呢?

其实,微笑也是需要练习的,明星们经常通过镜子来练习迷人的微笑。电视中的女主角,无论是微笑还是露齿笑,都是最完美的笑容,甚至连露出几颗牙都能精准控制。我们要想成为一个微笑起来有魅力的人,也是需要努力练习的,这样才能找出自己最理想的微笑表情。

大部分人很难做到这种程度,并不是天生条件差,而是唇部肌肉缺乏锻炼,因而比较僵硬,如果勤加练习,每个人都有机会成为微笑美人!

1. 微笑练习要领

(1)放松唇部肌肉。

美丽动人的微笑一定是面部放松的微笑,如果唇部肌肉过于僵硬,那么微笑就也是僵硬的,即所谓的"僵笑",那是不优美的微笑,甚至给人"很假"的感觉。我们可以试着一个音节一个音节地发出 Do、Re、Mi、Fa 的音,直到高音 Do。不是连着念,而是大声且清楚地说三次每个音,尽量将嘴型做到最满,用以有效地放松唇部肌肉。

(2)锻炼嘴角弧度。

用门牙轻轻地咬住木筷子。把嘴角对准木筷子,两边都要翘起,并观察连接嘴唇两端的线是否与木筷子在同一水平线上。保持这个状态 10 秒。

(3)训练保持微笑。

找到最满意的微笑以后,试着对着镜子,训练自己维持相同笑容至少 30 秒。尤其是容易笑僵、笑容尴尬的情况,更要加强这一阶段的训练。

(4)修正微笑。

如果认真地进行了微笑练习,但笑容还是不那么完美,那就要寻找其他部分是否有问题,比如眼神等其他部位与唇部、面部的协调配合问题。

2. 练习中注意要克服的问题

(1)嘴角上升时会歪。

微笑时两侧的嘴角不能一齐上升的人很多。这时利用木制筷子进行训练很有效。刚开始会比较难,但若反复练习,就会不知不觉中两边一齐上升,形成优美的微笑。

(2)笑时露出牙龈。

微笑的时候露出很多牙龈的人,往往笑得不够优美,但可通过嘴唇肌肉的训练弥补。首先可以挑选各种形状的微笑尽情地试着笑,并在其中挑选最满意的笑容,然后确认能看见多少牙龈。大概能看见 2mm 以内的牙龈,就很好看。之后可以照着镜子反复练习满意的微笑，试着笑出前面所选的微笑。

3. 微笑需要整体协调

（1）微笑与口眼结合。要口到、眼到、神色到，笑眼传神，微笑才能打动人心。

（2）微笑与神情气质相结合。"神"就是笑得有情入神，要做到情绪饱满，神采奕奕，能感染到他人。"情"就是要笑出感情，不要"皮笑肉不笑"。"气质"就是笑出谦逊、稳重，笑出自己的良好气质。

（3）微笑与语言相结合。语言和微笑都是传播信息的重要符号，只有将微笑与语言有机地结合起来才能声情并茂，使二者相得益彰。

（4）微笑与仪表、举止相结合，以笑助姿。

举手投足间不经意的一个微笑是非常有魅力的微笑，身姿绰约，微笑无疑是最好的装饰品。尽管微笑有其独特的魅力和作用，但若不是发自内心的真诚微笑，那将是对微笑的亵渎。有礼貌的微笑应是自然的坦诚，内心真实情感的表露。

第五章　修饰礼仪

引言　从《项链》看修饰礼仪

相信大家对莫泊桑的短篇小说《项链》一定不会太陌生，其中的女主人公玛蒂尔德是一个美丽动人的姑娘，但她却有着一颗虚荣的心，她生在一个普通小职员的家里，她想过更好更享受的生活，可由于出身的缘故最后只得跟教育部的一个小书记结了婚。一天，她的丈夫带给她一张难得的请柬，但是玛蒂尔德却因为没有出席晚会的衣服和首饰而不开心。她的丈夫出了四百法郎为她做了一套新衣裙，她有了新衣裙却又为没有宝石依旧不开心。她突然想到她的朋友佛来思节夫人嫁了个有钱人，就向她借几样珠宝。晚会的日子到了，玛蒂尔德得到了她想要的成功，她比所有的女宾都漂亮、高雅、迷人。她几乎吸引了所有男宾的注意。部里的公职人员都想和她跳舞，就连部长也注意到她了。虽然最后因为玛蒂尔德弄丢了那条借来的赝品项链，并为此度过了十年困苦生活，但她在那天晚会上的形象无疑是成功的。

我们不妨换个角度来看待这个故事，为什么在晚会上玛蒂尔德是成功的，是那么耀眼而引人注目的？最直接的观感——礼服和项链——怕是就为她增分不少。穿衣、配饰本来就是一种修饰礼仪，千万不要小看服装和饰品，衣服的色彩、款式、搭配与配饰的运用会在很短的时间内提升一个人的气质与魅力。

第一节　走进色彩

色彩搭配中的灰姑娘与后母的故事

恐怕每个女孩子小时候都听过灰姑娘的故事。童话中的灰姑娘虽遭后母和两个姐姐的虐待却自始至终都能保持着一颗善良的心，她的美丽善良打动了王子，王子通过水晶鞋找到了她，最后他们幸福地生活在了一起。如今，"灰姑娘"这个童话故事已经被拍成了电影。电影中灰姑娘为什么穿蓝色礼服？后母和两个姐姐到底有多凶险？其实这一切都可以从她们的服装色彩搭配看出来。

色彩是一种无声的语言，是反映人物内心世界与性格的外在表现，它会让人物形象更丰满和到位。电影最大限度地尊重了原作，针对灰姑娘的形象搭配，采用的是多种不同的蓝色为主的服装，点缀点点水晶，这种高明度的浅蓝色表现了一种纯洁和柔弱以及无助的楚楚动人，这是最能体现灰姑娘形象的色彩了。

电影中，后母无疑是强势的、虚荣的、狠毒的，所以采用饱和度高的色彩，这可以加重后母的形象，使之更加立体，进一步突出她的欲望。后母的这身礼服深重并且有亮绿色点缀，很是抢眼，在视觉上，要比灰姑娘的高冷灰蓝色调更有冲击力，她的"厚重"与灰姑娘的"轻灵"形成鲜明对比，同时也是她们性格上的对比。

后母的两个女儿的衣服是极尽俗艳的，选用这样鲜艳、俗艳的颜色，不但可以衬托出灰姑娘的冰清玉洁，又可以显示出后母教养无方，两个女儿起码在穿衣礼仪上就没有调教成一个淑女模样。

仙女的服饰色彩是银色的。银色给人的感觉既有魔力又有仙气，还非常大气。无论是中国神话故事还是西方神话故事中的人物，银色总是给人一种法力高强、心怀慈悲的印象。

童话故事都用色彩对角色进行十分明显的归类，现实中更是如此。每种色彩都有自己的语言和性情，每个人都有属于自己的用色范围，从塑造自身形象开始，领略色彩带给你的无穷魅力。

一、色调与色系

（一）色调

色调指的是色彩的总体倾向，是大的色彩效果。比如我们看到不同颜色的物体被笼罩在一片金色的阳光之中，虽然各个物体各有各的颜色但总体呈现的颜色就是阳光的金色。这种在不同颜色的物体上，笼罩着某一种色彩，使不同颜色的物体都带有同一色彩倾向，这样的色彩现象就是色调。

几种色调的运用：

（1）以黄、橙两色为主色，绿色为配色的色调清新明快、气氛别致。

（2）以粉色为中心色，点缀有淡蓝色的色调轻柔浪漫，有温暖的气氛。

（3）紫色本就能体现高雅，以紫色为主色，再配玫瑰色与白色为配色，可以凸显典雅优美，可取得雅致优美的效果。

（4）蓝色给人清新之感，以蓝色为主色，再配以金色，可使色调有华丽清新的感觉。

（二）色系

色系是根据色彩基底色的不同对颜色进行的划分。常见的色系有冷色系、暖色系和中性色系。暖色给人以温暖柔和的感觉，包括红紫、红、红橙、橙、黄橙等颜色；冷色系，像蓝色，绿色，紫色都属于冷色系；中间色系就是黑、白、灰三种颜色。

二、色彩搭配

简单说来,不同的色彩给人不同的感觉,色彩会给人冷和暖、膨胀和收缩、轻和重、柔和与坚硬、华丽与朴素、兴奋和沉静等不同的感觉。不同的人,不同的季节,不同的场合,我们需要不同的色彩来体现。

色彩具有三要素:色相、纯度、明度。色相指色彩的相貌、长相,也可以说是区别色的名称:红色、黄色、绿色等。明度指色彩明暗深浅的差异程度:白色最高,黑色最低,黄色最高,蓝紫色最低。纯度,又叫彩度,是指色彩饱和的程度,或是指色彩的纯净程度。

无论多少个颜色相配,在色相、明度、纯度这三个要素中,只要这些颜色共同有着三要素中的一个要素,马上就可以得到协调的效果。比如,选择明度相近的颜色:浅灰与淡黄可以达到柔和的效果。黑色与褐色可以给人厚重的感觉;选择纯度相近也能取得协调的效果。例如橙色与黄色、绿色与蓝色的搭配就很和谐。用色相相近的颜色进行搭配,远比采用其他两个要素配色更容易取得配色的和谐。比如,红色与橙色相配可以显得热烈,黄色与绿色相配可以显得生机勃勃。

以下是一些具体服装中的色彩搭配原则。

(一)米色搭配原则

一件米色的高领短袖毛衫,配上一条黑色的精致西裤,穿上闪着光泽的黑色尖头中跟鞋子,可以将一位职业女性的专业感烘托得恰到好处。米色与黑色、白色搭配都是很好的选择。

(二)黑色搭配原则

黑色是一种百搭百配的色彩,无论与什么色彩放在一起,都会别有一番风情。一件黑色T恤,搭配一条乳白色及膝A字裙,脚上再搭配一双条纹的平底休闲鞋,可以使整个人看起来格外舒适,还充满着阳光的气息。

(三)褐色搭配原则

褐色与白色搭配,给人一种清纯的感觉;金褐色与红色相配可以给人鲜明生动、俏丽无比的感觉。

褐色毛衣配褐色格子长裤,可体现雅致和成熟。褐色厚毛衣配褐色棉布裙,通过二者的质感差异,表现出穿着者的特有个性。

(四)蓝色搭配原则

蓝色具有紧缩身材的效果,极富魅力。蓝色,具体可以分为浅蓝色、天蓝色、深蓝色、宝蓝色和藏蓝色。

深蓝色、宝蓝色与红色搭配,可以使人显得妩媚、俏丽,但应注意蓝红比例应适当,应以蓝为主，红为辅。

藏蓝色外套，配白衬衣，再系上领结，适用于一些正式场合，会使人显得神秘且不失浪漫，再以白衬衣、白袜子、白鞋点缀，会透出一种轻盈的妩媚气息。浅蓝色外套配灰色褶裙，会给人明快清新之感。

蓝色与淡紫色搭配，给人一种微妙的感觉。蓝色长裙配白衬衫是一种非常普通的打扮。如能穿上一件高雅的淡紫色小外套，便能增分不少。

（五）白色搭配原则

白色是典型的"百搭色"，但要搭配得巧妙，也需费一番心思。

白色下装配带条纹的淡黄色上衣，是柔和色的最佳组合。

下身着象牙白长裤，上身穿淡紫色西装，配以纯白色衬衣，不失为一种成功的配色，可充分显示自我个性。白色褶折裙配淡粉红色毛衣，给人以温柔飘逸的感觉。

红白搭配是大胆的结合。上身着白色休闲衫，下身穿红色窄裙，显得热情潇洒。在强烈对比下，白色的分量越重，看起来越柔和。

三、色彩与情感

世界上任何东西，其形象和色彩都会影响我们的感情。比如棕色的咖啡装在红色的杯子里比装在蓝色的杯子里看起来要更为香浓，当你看到蓝色的烤鸡时根本没有想吃的欲望。当人们看到某种色彩时，常常会联想到与此色彩相关联的其他事物。色彩的形式对人的情感、思想和行为有着直接的作用。

红色，是一种刺激性较强的色相，不同的环境赋予人们不同的联想。在革命年代，红色常常被认为是斗争、光明、力量的象征；在民间，红色则使人联想到吉庆、幸福等情感。

绿色，给人以青春活力、健康向上、静谧舒适等感觉，它让人联想到花草树木、青山碧水、勃勃生机。

黄色，是一种温和的暖色，轻快、明亮、富丽，它又带有浓郁的宗教色彩，寺庙的建筑、服装也往往采用黄色。同是黄色，又能产生不同的感受。嫩黄色的东西，给人以天真、稚嫩的美感；成熟谷物的橙黄色，则又意味着丰收与欢乐。

蓝色，让人感受到的是深远、悠久、平静、理智、素雅、清爽，还暗含着忧伤的感情。

玫瑰红具有爱情、友谊、美好的意义。

粉红色具有飘逸、轻盈、娇嫩之感。

另外，不同颜色的搭配也可以引起不同的心理感受。

蓝色：永恒、博大、最具凉爽、清新，专业的色彩。和白色混合，能体现柔顺、淡雅、浪漫的气氛，给人感觉平静、理智。

红色：给人坚强有力之感，是喜庆的色彩。具有刺激效果，是一种雄壮的精神体现，给人热情、活力的感觉，有时也会给人愤怒、诱惑之感。

橙色：具有轻快、欢欣、热烈、温馨、时尚的效果。

黄色：亮度最高，有温暖感，给人快乐、希望、智慧和轻快的感觉。

绿色：介于冷暖色中间，给人和睦、宁静、健康、安全的感觉。和金黄、淡白搭配，会形成优雅、舒适的氛围。

紫色：一般来说是女孩子比较喜欢紫色，它给人神秘的感觉。

黑色：给人深沉、神秘、寂静、悲哀、压抑的感受。

白色：给人洁白、明快、纯真、清洁的感受。

灰色：给人中庸、平凡、温和、谦让、中立和高雅的感觉。

扩展趣味阅读

性格色彩小测试[①]

下面是乐嘉用色彩分析性格的小测试，用"红、蓝、黄、绿"四色代替人的性格类型，通过对性格色彩密码的解读，帮助你学会以"有色眼睛"洞察人性。

共30题，请分前后15题来做，耐心完成。准备好了吗？做好记录：如1A，2C。

1. 关于人生观，我的内心其实是：
    A. 希望能有各种各样的人生体验，所以想法极其多样化。
    B. 在合理的基础上，谨慎确定目标，一旦确定会坚定不移地去做。
    C. 更加在乎取得一切有可能的成就。
    D. 毫不喜欢风险，喜欢享受稳定或现状。

2. 如果爬山旅游，大多数状况下，下山回来的路线我最可能：
    A. 好玩有趣，所以宁愿新路线回巢。
    B. 安全稳妥，所以宁愿原路线返回。
    C. 挑战困难，所以宁愿新路线回巢。
    D. 方便省心，所以宁愿原路线返回。

3. 说话时，我更看重：
    A. 感觉效果。有时可能会略显得夸张。
    B. 描述精确。有时可能略过冗长。
    C. 达成结果。有时可能过于直接，让别人不高兴。
    D. 人际感受。有时可能会不愿讲真话。

4. 在大多数时候，我的内心更想要：
    A. 刺激。经常冒出新点子，想做就做，喜欢与众不同。
    B. 安全。头脑冷静，不易冲动。
    C. 挑战。生命中竞赛随处可见，有强烈的"赢"的欲望。

[①] 乐嘉. "色"眼识人 FPA 性格色彩密码解读[M]. 上海：文江出版社，2006.

D. 稳定。满足自己所拥有的，很少羡慕别人。

5. 我认为自己在情感上的基本特点是：

   A. 情绪多变，经常波动。

   B. 外表自我抑制强，但内心感情起伏大，一旦挫伤难以平复。

   C. 感情不拖泥带水，只是一旦不稳定，容易发怒。

   D. 天性情绪四平八稳。

6. 我认为自己除了工作外，在控制欲上面，我：

   A. 没有控制欲，只有感染带动他人的欲望，但自控能力不算强。

   B. 用规则来保持我对自己的控制和对他人的要求。

   C. 内心是有控制欲和希望别人服从我的。

   D. 没兴趣影响别人，也不愿别人来控制我。

7. 当与情人交往时，我最希望对方：

   A. 经常赞美我，让我享受开心、被关怀且又有一定自由。

   B. 可随时默契了解我内心所想，对我的需求极其敏感。

   C. 得到对方的认可，我是正确的并且我对他（她）是有价值的。

   D. 尊重并且相处静谧的。

8. 在人际交往时，我：

   A. 本质上还是认为与人交往比长时间独处更有乐趣。

   B. 非常审慎缓慢地进入，常会被人认为容易有距离感。

   C. 希望在人际关系中占据主导地位。

   D. 顺其自然，不温不火，相对被动。

9. 我做事情，经常：

   A. 缺少长性，不喜欢长期做相同无变化的事情。

   B. 缺少果断，期待最好的结果但总能先看到事情的不利面。

   C. 缺少耐性，有时行事过于草率。

   D. 缺少紧迫，行动迟缓，难下决心。

10. 通常我完成任务的方式是：

    A. 常赶在最后期限前完成，是临时抱佛脚的高手。

    B. 自己有严格规定的程序，精确地做，不要麻烦别人。

    C. 先做，快速做。

    D. 使用传统的方法按部就班，需要时从他人处得到帮忙。

11. 如果有人深深惹恼我时，我：

    A. 内心感到受伤，认为没有原谅的可能，可最终很多时候还是会原谅对方。

    B. 深深感到愤怒，如此之深怎可忘记？我会牢记，同时未来完全避开那个家伙。

    C. 会火冒三丈，并且内心期望有机会狠狠地回应。

    D. 避免摊牌，因为还不到那个地步或者自己再去找新朋友。

12. 在人际关系中，我最在意的是：
    A. 得到他人的赞美和欢迎。
    B. 得到他人的理解和欣赏。
    C. 得到他人的感激和尊敬。
    D. 得到他人的尊重和接纳。

13. 在工作上，我表现出来更多的是：
    A. 充满热忱，有很多想法且很有灵性。
    B. 心思细腻，完美精确，而且为人可靠。
    C. 坚强而直截了当，而且有推动力。
    D. 有耐心，适应性强而且善于协调。

14. 我过往的老师最有可能对我的评价是：
    A. 情绪起伏大，善于表达和抒发情感。
    B. 严格保护自己的私密，有时会显得孤独或是不合群。
    C. 动作敏捷又独立，并且喜欢自己做事情。
    D. 看起来安稳轻松，反应度偏低，比较温和。

15. 朋友对我的评价最有可能的是：
    A. 喜欢对朋友述说，也有感染别人的力量。
    B. 能够提出很多周全的问题，而且需要许多精细的解说。
    C. 愿意直言想法，有时会直率而犀利地谈论不喜欢的人、事、物。
    D. 通常与他人一起时是倾听者。

16. 在帮助他人的问题上，我内心的想法是：
    A. 别人来找我，不太会拒绝，会尽力帮他。
    B. 值得帮助的人应该帮助。
    C. 很少承诺要帮，但我若承诺必兑现。
    D. 虽无英雄打虎胆，常有自告奋勇心。

17. 面对他人对自己的赞美，我内心：
    A. 没有也无所谓，特别欣喜那也不至于。
    B. 我不需无关痛痒的赞美，宁可对方欣赏我的能力。
    C. 思考对方的真实性或立即回避众人的关注。
    D. 赞美多多益善，总是令人愉悦的。

18. 面对生活，我更像：
    A. 随和派——外面的世界我无关，我觉得自己这样还不错。
    B. 行动派——我不进步，别人就会进步，所以我必须不停地前进。
    C. 分析派——在问题未发生之前，就该想好所有的可能。
    D. 无忧派——每天的生活开心、快乐最重要。

19. 对于规则，我内心的态度是：
    A. 不愿违反规则，但可能因为松散而无法达到规则的要求。

B. 打破规则，希望由自己来制定规则而不是遵守规则。

C. 严格遵守规则，并且竭尽全力做到规则内的最好。

D. 不喜被规则束缚，不按规则出牌会觉得新鲜有趣。

20. 我认为自己在行为上的基本特点是：

　　A. 慢条斯理，办事按部就班，能与周围的人协调一致。

　　B. 目标明确，集中精力为实现目标而努力，善于抓住核心要点。

　　C. 慎重小心，为做好预防及善后，会不惜一切而尽心操劳。

　　D. 丰富跃动，不喜欢制度和约束，倾向于快速反应。

21. 当我做错事时，我倾向于：

　　A. 害怕但表面不露声色。

　　B. 不承认且不辩驳，但内心其实已经明白。

　　C. 愧疚和痛苦，容易停留在自我压抑中。

　　D. 难为情，希望逃避别人的批评。

22. 当结束一段刻骨铭心的感情时，我会：

　　A. 很难受，可日子总要过，时间会冲淡一切的。

　　B. 虽然觉得受伤，但一旦下定决心，就会努力把过去的影子忘掉。

　　C. 深陷在悲伤的情绪中，在相当长的时期里难以自拔，也不愿再接受新的人。

　　D. 痛不欲生，需要找朋友倾诉或者找到渠道发泄，寻求化解之道。

23. 面对他人的倾诉，我回顾自己大多时候本能上倾向于：

　　A. 能够认同并理解对方当时的感受。

　　B. 快速做出一些定论或判断。

　　C. 给予一些分析或推理，帮助对方理顺思路。

　　D. 可能会随着他的情绪起伏而起伏，也会发表一些评论或意见。

24. 我在以下哪个群体中交流较感满足？

　　A. 舒服轻松的氛围中，心平气和地最终达成一致结论。

　　B. 彼此展开充分激烈的辩论并有收获。

　　C. 有意义地详细讨论事情的好坏和影响。

　　D. 很开心并且随意无拘束地闲谈。

25. 在内心的真实想法里，我觉得工作：

　　A. 不必有太大压力，可以让我做我熟悉的工作就很不错。

　　B. 应该以最快的速度完成，且争取去完成更多的任务。

　　C. 要么不做，要做就做到最好。

　　D. 如果能将好玩融合其中那就太棒了，不过如果不喜欢的工作实在没劲。

26. 如果我是领导，我内心更希望在部属心目中，我是：

　　A. 可以亲近的和善于为他们着想的。

　　B. 有很强的能力和富有领导力的。

　　C. 公平公正且足以信赖的。

D. 被他们喜欢并且觉得富有感召力的。

27. 我对认同的需求是：
    A. 无论别人是否认同，生活都是要继续的。
    B. 精英群体的认同最重要。
    C. 只要我在乎的那些人认同我就足够了。
    D. 所见之人无论贵贱都对我认同该有多好。

28. 当我还是个孩子的时候，我：
    A. 不太会积极尝试新事物，通常比较喜欢旧有的和熟悉的。
    B. 是孩子王，大家经常听我的决定。
    C. 害羞见生人，有意识地回避。
    D. 调皮可爱，乐观而又热心。

29. 如果我是父母，我也许是：
    A. 容易说服或者宽容的。
    B. 比较严厉、性急和说一不二的。
    C. 坚持自己的想法和比较挑剔的。
    D. 积极参与到子女中，和子女一起玩，被小朋友们热烈欢迎的。

30. 以下有四组格言，哪组整体上最符合我的感觉？
    A. 最深刻的真理是最简单和最平凡的。要在人世间取得成功必须大智若愚。好脾气是一个人在社交中所能穿着的最佳服饰。知足是人生在世最大的幸福。
    B. 走自己的路，让人家去说吧。虽然世界充满了苦难，但是苦难总是能战胜的。有所成就是人生唯一的真正的乐趣。对我而言解决一个问题和享受一个假期一样好。
    C. 一个不注意小事情的人，永远不会成就大事业。理性是灵魂中最高贵的因素。切忌浮夸铺张。与其说得过分，不如说得不全。谨慎比大胆要有力量得多。
    D. 幸福在于对生命的喜悦和激情。任何时候都要最真实地对待你自己，这比什么都重要。使生活变成幻想，再把幻想化为现实。幸福不在于拥有金钱，而在于获得成就时的喜悦以及产生创造力的激情。

性格分析——算分方法

计算方法：
（1）计算前 1~15 题分数总和：
A 的总数（　　） B 的总数（　　） C 的总数（　　） D 的总数（　　）
（2）计算前 16~30 题分数总和：
A 的总数（　　） B 的总数（　　） C 的总数（　　） D 的总数（　　）
（3）把两部分的数目相加：

红色：前 A+后 D 的总数（ ）
蓝色：前 B+后 C 的总数（ ）
黄色：前 C+后 B 的总数（ ）
绿色：前 D+后 A 的总数（ ）

  最终得出你的性格色彩结果，如：红15蓝3黄8绿4。总分中数目最大的字母，是你的核心性格。其他字母代表你整个性格中的比例。如果某种颜色大于15，说明你是典型的此类性格，如果有两种或三种数目非常接近，说明你是较复杂的组合性格。

  本测试题目旨在测试你的"性格"而非你的"个性"，测试你的"先天"而非你的"后天"。但仍会有一部分读者很难判断哪种色彩是先天，哪种色彩是后天，这类读者需要加强对自身"真实内心"的认识，如果你在做题过程中，严格符合测试说明，你将了解自己性格本源的力量。

性格解析

基本性格有以下12种情况：
典型的红蓝黄绿，红+黄，红+绿，蓝+黄，蓝+绿，黄+红，黄+蓝，绿+红，绿+蓝。

  说明：在性格组合当中，没有列出"红蓝配"（红+蓝、蓝+红）和"黄绿配"（黄+绿、绿+黄）的四种组合，是因为红与蓝、黄与绿是两对完全相反的性格。两种完全相反的性格共同组合在一人身上，必有另一个是受到强大的后天影响。这种人将在很多时候呈现极大的内心困惑。挖掘出真正的自己，对他们而言，是最迫切需要的！

1. 红色

【性格优势】

作为个体：拥有高度乐观的积极心态。喜欢自己，也容易接纳别人。把生命当作值得享受的经验。喜欢新鲜、变化和刺激。经常开心，追求快乐。情感丰富而外露。自由自在，不受拘束。喜欢开玩笑和调侃。别出心裁，与众不同。表现力强。容易受到人们的喜欢和欢迎。生动活泼，好奇心强。

沟通特点：才思敏捷，善于表达。喜欢通过肢体上的接触传达亲密情感。容易与人攀谈。发生冲突时，能直接表白。人越多越亢奋。演讲和舞台表演的高手。乐于表达自己的看法。

作为朋友：真诚主动，热情洋溢。喜欢交友，善于与陌生人互动。擅长搞笑，是带来乐趣的伙伴。容易原谅自己和别人，不记仇。富有个人魅力。乐于助人。有错就认，很快道歉。喜欢接受别人的肯定且不吝赞美。

对待工作和事业：工作主动，寻找新任务。富有感染力，能够吸引他人参与。激发团队的热情、合作心和进取心，重视团队合作的感觉。令人愉悦的工作伙伴。完成短期目标时，极富爆发力。信任他人。善于赞美和鼓励，是天生的激励者。不喜欢太多的规定束缚，富有创意。工作以活泼化、丰富化的方式进行。反应快，闪电般开始。

【性格过当】

作为个体：情绪波动大起大落。变化无常，随意性强。鲁莽冲动，轻信他人，容易上当受骗。虚荣心强，不肯吃苦，贪图享受。喜欢走捷径，虎头蛇尾，不能坚持。粗心大意，杂乱无章。不肯承担责任，期待有别人为自己的人生负责。缺乏自控，毫无纪律。容易原谅自己，不吸取教训。不稳定和散漫。拒绝长大。借放纵来麻痹自己，逃避痛苦和烦恼，而不去认真思考生命的本质。

沟通特点：说话少经大脑思考，脱口而出。对于严肃和敏感的事情也会开玩笑。炫耀自己，夺人话题。注意力分散，不能专注倾听，喜欢插话。吹牛不打草稿，疏于兑现承诺。忘记别人说过什么，自己讲过的话也经常重复。口无遮拦，不保守秘密。不可靠，光说不练。夸大吹嘘自己的成功。

作为朋友：缺少分寸，过度的玩笑和热情。只想当主角。谈论自己感兴趣的话题，对和自己无关的话题心不在焉。插嘴打断别人谈话。健忘多变。经常会忘记老朋友。有极强的依赖性，脆弱而不能独立。好心办坏事。

对待工作和事业：跳槽频率高，这山望着那山高。没有规划，随意性强。没有焦点，把精力分散在太多的不同方向。过高估计了自己的能力。觉得没有必要为未来做准备。不肯花更大的精力和幕后工作的勤奋代价，来获取更高的殊荣。不切实际地希望所有的工作都要有趣味。很难全神贯注，经常性地走神。异想天开，难以预料。

2. 蓝色

【性格优势】

作为个体：拥有严肃的生活哲学。思想深邃，独立思考而不盲目从众。沉默寡言，老成持重。注重承诺，可靠安全。谨慎而深藏不露。坚守原则，责任心强。遵守规则，井井有条。深沉有目标的理想主义。敏感细腻。高标准，追求完美。谦和稳健。善于分析，富有条理。待人忠诚，富有自我牺牲精神。深思熟虑，三思而后行。坚忍执着。

沟通特点：享受敏感而有深度的交流。设身处地地体会他人。能记住谈话时共鸣的感情和思想。喜欢小群体交流的思想碰撞。关注谈话的细节。

作为朋友：默默地为他人付出以表示关切和爱。对友谊忠诚不渝。真诚关怀朋友的境遇，善于体贴他人。能够记得特殊的日子。遭遇难关时，极力给予鼓舞安慰。很少向他人表达内心的看法。经常扮演分析解决问题的角色。

对待工作和事业：强调制度、程序、规范、细节和流程。做事之前首先计划且严格按照计划去执行。喜欢探究及根据事实行事。尽忠职守，追求卓越。高度自律。喜欢用表格、数字的管理来验证效果。注重承诺。一丝不苟地执行工作。

【性格过当】

作为个体：高度负面的情绪化。猜忌心重，不信任他人。太在意别人的看法和评价，容易被负面评价中伤。容易沮丧，悲观消极，陷于低落的情绪无法自拔。情感脆弱抑郁，有自怜倾向。杞人忧天，庸人自扰。最容易得抑郁症。当别人轻易成功时，会因自己的努力付出却不如他人而心生嫉妒。过于阴沉的面孔，让人感觉压抑，不易接近。

沟通特点：不知不觉地说教和上纲上线。原则性强，不易妥协。强烈期待别人具有敏感度和深度且能够理解自己。以为别人能够读懂自己的心思。不太主动与人沟通。不喜欢制造困扰、麻烦别人，也讨厌别人制造困扰、麻烦自己。要真诚开放心胸与人互动会比较难。习惯以防卫的状态面对别人。

作为朋友：过度敏感，有时很难相处。强烈的不安全感。远离人群。喜好批判和挑剔。吝于宽恕。经常怀疑别人的话，不容易相信他人。

对待工作和事业：对自己和他人常寄予过高而且不切实际的期望。过度计划和过度绸缪。患得患失，行动缓慢。较真，挑剔他人及自己的表现。专注于小细节，因小失大。吝啬表扬，强烈的形式主义。容易被不理想的成绩击垮斗志。墨守成规，死板教条不懂变通。为了维护原则缺乏妥协精神。

3. 黄色

【性格优势】

作为个体：不达目标，誓不罢休。不停地给自己设定目标以推动前进。把生命当成竞赛。行动迅速，活力充沛。意志坚强。自信、不情绪化，而且非常有活力。坦率，直截了当，一针见血。强烈的进取心，居安思危。独立性强。有强烈的求胜欲。不畏强权并敢于冒险。不易气馁，不在乎外界的评价，坚持自己所选择的道路和方向。危难时刻挺身而出。讲究速度和效率。敢于接受挑战并渴望成功。

沟通特点：以务实的方式主导会谈。喜欢主导整个事情进行的方式。能够直接抓住问题的本质。说话用字简明扼要，不喜欢拐弯抹角。不受情绪干扰和控制。

作为朋友：给予解决问题的方法，而非纠缠过去。迅速提出忠告和方向。直言不讳地提出建议。

对待工作和事业：动作干净利落，讲求效率。能够承担长期高强度的压力。强烈的目标趋向，善于设定目标。高瞻远瞩，有全局观念。善于委派工作。坚持不懈，促成活动。掌握重点执行。行事作风明快。天生的领导者，富有组织能力。竞争越强，精力越旺，愈挫愈勇。寻求实际的解决方法。以结果和完成任务为导向，并且高效率。善于快速决策并处理所遇到的一切问题。富有责任感。

【性格过当】

作为个体：自己永远是对的，死不认错。趾高气扬，霸道。只关注自己的感受，不体贴别人的心情和想法。以自我为中心，自私倾向。脾气暴躁，容易发怒。缺少同情心。傲慢自大，目中无人。经常紧绷自己的情绪。在情绪不佳或有压力的时候，经常会不可理喻与独断专行。不喜欢受群体规范约束，喜欢打破既定规则且自己不遵守规则。

沟通特点：喜欢争辩和冲突。铁石心肠，对情绪表现冷淡。粗线条，简单粗暴。毫不敏感，无力洞察他人内心和理解他人所想。抗拒批评，严酷且自以为是的审判者。缺乏亲密分享的能力。缺乏耐心，是非常糟糕的倾听者。态度尖锐严厉，批判性强。容易让他人的工作或生活步调紧张。不习惯赞美别人。说话有时咄咄逼人。控制欲强。不太能体谅他人，对行事模式不同的人缺少包容度。

作为朋友：大多时候仅保持理性的友谊。讨厌与犹豫不决、能力弱的人互动。试图控制和影响大家的活动，希望他人服从自己而非配合别人。除了工作内容，很少交谈其他话题。情感上习惯与人保持一定的距离。很少对人流露出直接诚挚的关怀。需要你的时候才找你。为别人做主。

对待工作和事业：生活在无尽的工作当中而不是人群中。数量远比质量重要。目标没有完成时，容易发怒且迁怒于人。寻求更多的权力，有极强的控制欲。拒绝为自己和他人放松。完成工作第一，人的事情第二。为了自己的面子，不妥协且毫不认错。对于竞争结果过分关注而忽略过程中的乐趣。武断，刚愎自用且一意孤行。很难慢下来，缺少生命乐趣的工作狂。未明察就急于改变，急于求成。

4. 绿色

【性格优势】

作为个体：爱静不爱动，有温柔祥和的吸引力和宁静愉悦的气质。和善的天性，做人厚道。追求人际关系的和谐。奉行中庸之道，为人稳定低调。遇事以不变应万变，镇定自若。知足常乐，心态轻松。追求平淡的幸福生活。有松弛感，能融入所有的环境和场合。从不发火，温和、谦和、平和三和一体。做人懂得"得饶人处且饶人"。追求简单随意的生活方式。

沟通特点：以柔克刚，不战而屈人之兵。避免冲突，注重双赢。心平气和且慢条斯理。善于接纳他人意见。最佳的倾听者，极具耐心。擅长让别人感觉舒适。有自然和不经意的冷幽默。松弛大度，不疾不徐。

作为朋友：从无攻击性。富有同情和关心。宽恕他人对自己的伤害。能接纳所有不同性格的人。和善的天性及圆滑的手腕。对友情的要求不严苛。处处为别人考虑，不吝付出。与之相处轻松自然又没有压力。最佳的情绪宣泄处，鼓励他们的朋友多谈自己。从不尝试去改变他人。

对待工作和事业：拥有高超的协调人际关系的能力。善于从容地面对压力。巧妙地化解冲突。能超脱游离政治斗争之外，没有敌人。缓步前进以取得思考空间。注重人本管理。推崇一种员工都积极参与的工作环境。尊重员工的独立性，从而博得人心和凝聚力。善于为别人着想。以团体为导向。创造稳定性。用自然低调的行事手法处理事务。

【性格过当】

作为个体：按照惯性来做事，拒绝改变，对于外界变化置若罔闻。懒洋洋的作风，原谅自己的不思进取。懦弱胆小，纵容别人欺压自己。期待事情会自动解决，完全守望被动。得过且过。无原则地妥协，而无法促使他们采取负责任的解决态度。逃避问题与冲突。太在意别人反应，不敢表达自己的立场和原则。

沟通特点：一拳打在棉花上，毫无反应。没有主见，把压力和负担通通转嫁到他人身上。不会拒绝他人，给自己和他人都带来无穷麻烦。行动迟钝，慢慢腾腾。避免承担责任。

作为朋友：不负责任的和稀泥。姑息养奸的态度。压抑自己的感受以迁就别人。期待让人人都满意，对自己的内心不忠诚。没有自我，迷失人生的方向。缺乏激情。漠不关心，惰于参与任何活动。

对待工作和事业：安于现状，不思进取。乐于平庸，缺乏创意。害怕冒风险，缺乏自信。拖拖拉拉。缺少目标。缺乏自觉性。懒惰而不进取。宁愿做旁观者不肯做参与者。

四、色彩礼仪的应用

（一）传承千年的红色

红色具有吉祥、喜气、热烈、奔放、激情、斗志等美好的含义。中国人对红色的崇拜可上溯至远古时期。红色象征太阳，象征火。古人认为烈日如火，其色赤红，红色是源于太阳的颜色。《淮南子·天文训》中记载道："日为德，月为刑，月归而万物死，日至而万物生。"因此古人看到阳光下的万物生机勃勃，就产生了对太阳的依恋与崇拜，自然而然，象征太阳的红色也就备受中国人的青睐。中国人对红色的崇拜也有人说是因为对火的崇拜。火使华夏民族不再寒冷，所以国人独崇红色。

汉朝开国皇帝汉高祖刘邦自称为"赤帝之子"，"赤"即红色。证明自汉朝起，红色就成为人们崇尚的颜色。而自汉朝以后，我国各地崇尚红色的风俗已基本趋于一致，并把酷爱红色的习俗一直沿袭流传了下来。

人之降生，首先见红；新科登榜，叫"揭红榜"；古代新婚大喜，要贴大红的"囍"字、点红蜡烛，新娘要穿红嫁衣、戴红盖头。红色，无疑是喜庆的象征。

因此在喜庆重要的节日，例如婚嫁、过节、过寿、开业、剪彩等，都要运用红色，这无疑是一种美好的寓意。但是如要去探望病人、出席丧礼就不宜再用红色。

（二）尊贵的黄色

中国的人文初祖为"黄帝"，华夏文化的发源地为"黄土高原"，中华民族的摇篮为"黄河"，炎黄子孙的肤色为"黄皮肤"，还有不归之路叫"黄泉"。黄色自古以来就和中国传统文化有着不解之缘。春秋末期的思想家和教育家孔子出于对"周礼"的维护，把黑、红、青、白、黄定为"正色""上色"，并把五色与仁、义、理、智、信结合，运用于"礼"的形式中。

我国古代盛行"五行"学说，土为黄色，中央属土，因此黄色代表中央方位。在唐朝，黄色就已被规定为代表皇室的色彩。宋太祖赵匡胤被属下"黄袍加身"不得不起兵造反，宋朝的皇宫开始采用黄色的琉璃瓦顶，并一直沿袭下来。到了清朝，黄色更加成了皇室专用的颜色。可见随着封建社会的发展，黄色已经不再仅仅是一种颜色，而成为一种权力的象征。在现代社会中，黄色的"权力"已经消失，但它在人们心目中仍是"高贵"的代表。

（三）肃穆的黑色

黑色是十分肃穆与庄重的颜色。早在春秋战国时代，秦国就十分崇尚黑色，无论是秦国的大王、大臣还是普通士兵都喜爱穿黑色的衣服。就连朝堂的装修风格也有别于其他国家的金碧辉煌，而是以黑色为主色调。秦国人似乎有着浓厚的黑色情结。

而秦人尚黑是有原因的。在东汉编纂成书的《汉书·律历志》中曾有这样的记载："今秦变周，水德之时。昔文公出猎，获黑龙。此其水德之瑞。"这段话的意思是说，早年秦文公外出打猎时，曾经捕获过一条黑色的龙。而这正是五行之中水德的象征。因此，秦国统治者认为自己是水德，崇尚水。而在五行中水德对应的标志颜色是黑色。所以，从春秋战国时的秦国开始一直到一统天下的秦帝国，就都崇尚黑色。

在当今社会中，黑色象征着庄严与肃穆，婚礼上新郎要穿黑色的礼服；出席重要的会议，男士们也选择黑色的西装。可见在正式庄重的场合，黑色是人们的首选色，无论东方还是西方。

（四）高雅纯洁的白色

在中国，白色自古就与哀痛联系在一起，亲人去世，后代需披白麻戴孝字来表达对逝者的哀思。而且在古代，白色一直都是平民所穿的颜色。但是随着时代的发展，中西方交流的日益密切，在现代，象征着纯洁的白婚纱越来越受到中国新娘的欢迎，基本上成了中国人婚礼上的必备服饰。白色也逐渐成了清纯、纯洁的象征。

第二节　服饰

金语俊，韩国《DDANZI》日报社长，他在《青春 Festival》节目上做演讲时向大家讲述了他在巴黎花 120 万韩币买 BOSS 西装的小故事。[①]

> 我年轻时，去欧洲背包旅行，在巴黎街头看到一个西装店，就跟穿自个儿衣服似的，我瞅准一西装就往身上套，连衬衫、领带、皮鞋也统统拿下来穿上了。所有的一切，就发生在 30 秒以内，就跟来取衣服似的，一气呵成。回头一看镜子，真帅！然后我才看价钱，折合韩币大概是 12 万左右。当时我身上一共有 120 多万。当时就想直接买了，不过仔细一看，原来后面多个 0，是 120 万……我平生买的所有衣服加起来，都没这贵。
>
> 但我实在没法儿脱下来，镜子里那小伙简直帅呆了，于是，我陷入苦恼，原本计划的行程还有 2 个月。每天省吃俭用，只花 2 万块钱，剩下的 2 个月我就不会饿肚子，还会有地儿住，先算上这 60 天分量的安全感。这 60 天的安全感给我带来的幸福，能比现在把这件衣服买到手的幸福大吗？仔细一想，应该不会。"算了，走吧。""等哥到了 30 岁，再回到这里，买件最称心的西装吧。""等等，后面的 2 个月，不是还没到吗？"当我想到第三项，就果断买下了那件西装，然后去公园露宿。后来

[①] 引自英盛网，http://www.yingsheng.com/pxzx-glgy/72748.html，2015.01.19.

才知道，那件西装的牌子叫作BOSS。第二天早上一醒，我就开始发愁了，现在身上只有5万，咋整？我拿着这5万，去找了一个宾馆住了一晚，第二天早上，我边结账边说：老板，我去火车站拉过来3个客人，你就让我在这多住一晚吧。还有，如果我能拉过来5个人以上，就按人头给我提成吧，他说行。当天，我只花了一个小时，就拉过来30多个住客。凭什么？因为哥穿着BOSS啊！仅仅一周，我们的关系逆转了，老板跪求我说，大神千万别走。我手中也有了足足50多万，当时就想道：赚钱这么容易，干嘛给你打工呢？当时在东欧国家，比较缺提供住宿的地方。我就去捷克，花了50万租了一套房子。然后直接去了火车站，我心想这次不要光做亚洲人的生意。我一把拉过来刚下火车的一个帅小伙，说：给你包吃住，跟我干吧！没理由不干吧？哥穿着"BOSS"呢！他是个英国小子，很是能干，生意直接爆棚了。接下来我又多雇了几个帅哥美女来拉客，生意越来越好。我在那当了一个月的皮包老板，吃得好，睡得香。然后，当我离开捷克的时候，兜里一共揣着1000多万。

这一切，是因为当时买了BOSS西装才有可能发生的。自那以后，我就有了一个一直遵守到现在的原则：现在就要幸福！人们通常认为，幸福像存款一样，可以日后拿出来用。但实际上，那是不可能的。

虽然这个小故事是要告诉人们珍惜眼下的幸福，但从这个故事本身我们也可以看出一个人的衣着对一个人的生活与发展是多么重要。试想一下，如果他当时穿得破破烂烂去拉客人住旅馆，还会像他之前所经历的那般顺利吗？恐怕未必。穿衣打扮是一个人在社会生存的名片，得体的衣饰会为人增加不少魅力，从而更容易获得成功。

一、中国传统服饰的传承与发展

（一）上古时期

原始服饰是根据出土的骨针、骨锥等制衣工具想象复原而成的。在纺织技术尚未发明之前，动物的毛皮是人们服装的主要材料。当时还没有绳、线，只能用动物韧带来缝制衣服。在山顶洞人的遗址及其他古墓里，曾发掘出大量的装饰物，其中有头饰、颈饰和腕饰等，材料有天然美石、兽齿鱼骨和海里的贝壳等。

（二）夏商周时期

奴隶社会的章服制度是以天子的冕服为中心逐步发展和逐渐完备的。根据古典的记载，夏、商两代已有冕服，周代冕服则在继承夏、商制度下变革发展，之后一直影响后世各朝的章服制度。夏朝的记载太少，这里主要是根据史书记载与古墓出土的衣物来讲述商周时代的服饰。商周时代的服饰主要是上身穿"衣"，衣领开向右边；下身穿"裳"，裳就是裙；在腰部束着一条宽边的腰带，肚围前再加一条像裙一样的"韍"，用来遮蔽膝盖，所以又叫作"蔽膝"。

（三）秦汉时期

东汉明帝于永平二年，即公元59年，糅合秦制与三代古制，重新制定了祭祀服制与朝服制度，冕冠、衣裳、鞋履、佩绶等各有严格的等级差别，从此汉代服制得到了确立。

男子服饰——袍：一种源于先秦深衣的服装，原仅作为士大夫所着礼服的内衬或家居之服。士大夫外出或宴见宾客时，必须外加上衣下裳。到了东汉，袍才开始作为官员朝会和礼见时穿着的礼服。它多为大袖，袖口有明显收敛。袖身宽大的部分叫袂，袖口紧小的部分叫祛。衣领和袖口都饰有花边，领子以袒领为主。一般裁成鸡心式，穿时露出里面衣裳。这一时期袍服的样式大体上可以分为两种类型：一是直裾，一是曲裾。曲裾就是战国时的深衣，这种样式不仅男子可穿，也是女装中最常见的式样。这种服装通身紧窄，下长拖地，衣服的下摆多呈喇叭状，行不露足。衣袖有宽有窄，袖口多加镶边。衣领通常为交领，领口很低，以便露出里面衣裳。有时露出的衣领多达三重以上，故又称"三重衣"。直裾，又称襜褕，为东汉时一般男子所穿。它是禅衣的变式，不作为正式礼服，也适用于其他场合。

女子服饰——深衣：汉代妇女的礼服，仍以深衣为主。只是这时的深衣已与战国流行的款式有所不同。显著的特点是，衣襟绕转层数加多，衣服的下摆增大。穿着这种衣服，腰身大多裹得很紧，且用一条绸带系扎腰间或臀部。

襦裙：大多用四幅素绢拼合而成，上窄下宽，不加边缘，因此得名"无缘裙"。另在裙腰两端缝上绢条，以便系结。这种襦裙是中国妇女服饰中最主要的形式。东汉以后穿着的人虽一度减少，但从魏晋开始重新流行后，历久不衰，一言沿袭到清代。汉代妇女也有穿裤的，但大多仅有两个裤管，上端用带子系扎。

（四）魏晋南北朝时期

魏晋时期的服饰，基本上是承袭了秦汉旧制的。南北朝时期的服饰则出现了一种各民族间相互吸收、逐渐融合的趋势。汉族男子开始穿起紧身窄袖短衣、蹀躞腰带和长裤皮靴的胡服；汉族妇女的服装样式也由褒衣博带、上长下短变成紧身适体、上俭下丰。总体来看是南方士族流行宽袍大袖，北方士族流行窄袖短衣。

男子服饰——衫：分单、夹两种式样，与秦汉时的袍服不同。它不受衣袂的约束，袖口宽大，为上自王公贵族，下至平民百姓所普遍喜尚。

女子服饰——对襟和长裙：魏晋时期大体沿袭秦汉旧俗，有衫、裤、襦、裙等形制，南北朝以后逐渐有所变化。初期，妇女所着衣衫多为对襟，衣袖宽大，并在袖口缀有一块颜色不同的贴袖。腰间有帛带系扎，有的还在腰间缠一条围裳，用来束腰。后慢慢开始流行窄袖高腰襦裙。

（五）隋唐、五代时期

隋代初建，服饰承袭前代的窄袖短衣。唐代服饰的总体特点是：官服质地款式更加讲究，幞头形制富于变化；腰带有銙，即带扣版；品色衣形成制度化；女服艳丽多彩；注重梳妆打扮。五代十国时间较短，服饰大体沿用唐制。

男子服饰——皇帝服饰与官服：唐代皇帝的服饰有大裘冕、衮冕、通天冠、武弁、平巾帻、白帢等。大裘冕是皇帝祭祀天地时穿的礼服，包括礼帽和礼服。礼帽两边悬着的黄绵对着双耳，以示不听无益之言。

群臣服饰：一品官服衮冕，二品官服鷩冕，三品官服毳冕，四品官服絺冕，五品官服玄冕，六品至九品祭祀时服爵弁，武将朝参时服武弁，文官九品服弁服。

圆领袍衫：唐代官员平时穿的服装用织有暗花的料子制成，在袍服下部通常有一道襕，名为襕衫。武则天时出现一种新式服装，即在不同职别官员的袍上绣有不同的图案。文官袍上绣飞禽，武官袍上绣走兽。这可以说是明代补服的发端。

麻衣：即白袍，是唐代读书人尚未进入仕途时穿的服装。唐代新科进士也穿白袍。一般百姓的衣着是相当粗糙和简单的，勉强遮体御寒而已。

女子服饰——襦裙、衫、帔：唐代女服主要有襦裙、衫、帔等。妇女们着小袖短襦，有的裙长曳地，衫的下摆裹在裙腰里面，肩上披着长围巾一样的帔帛。

幂篱：关于幂篱的形制，有人认为，它是一种大幅方巾，用轻薄透明纱罗制成，披体而下，遮蔽全身。有人认为，它是一种衣帽相连类似斗篷一类的装束。这种服制可能与阿拉伯服饰有关。由于西北风沙很大，人们远行时骑马用它围裹身体，障蔽风尘。

长裙：盛唐以后，女衫衣袖日趋宽大，衣领有圆的、方的、斜的、直的，还有鸡心领、袒领。袒领，即袒露胸脯。有些女服非常艳丽，纹饰变化很多。从敦煌莫高窟壁画晚唐供养人的形象上可以看到。妇女裙色有红、紫、黄、绿等，最流行的是红色裙。

百鸟裙：用多种鸟的羽毛捻成线同丝一起织成的面料而制成的裙子。

花笼裙：用一种轻软细薄而半透明的丝织品单丝罗制成的花裙，上用金银线及各种彩线绣成花鸟图形，是罩在裙子外面的一种短裙，也叫衬裙。

云肩：即披肩，形制如四垂云，青缘，黄罗五色，嵌金。

（六）宋朝时期

宋代初年，朝廷参照前代规定了皇帝、皇太子、诸王及各级官吏的服制。宋代服饰与唐代服饰相比，不仅款式少有创新，而且色彩较为单调，趋向于质朴、洁净和自然。

男子服饰——皇帝服饰：宋代皇帝服饰承唐制有大裘冕、衮冕、通天冠、绛纱袍、履袍、衫袍、窄袍。这是祀享、朝会、亲耕、视事、燕居的衣着。宋代官服圆领长衣，与唐朝相似。

平民服饰：北宋汴梁人的衣着都具冠带，士、农、工、商各有本色。有的戴帽穿背子，有的穿衫来角带，有的不戴帽子，行业不同，穿着不一。宋代男子，上身以穿圆领袍衫为主，下身着裳，即穿裙。

（七）辽金元时期

1. 辽代服制

辽太祖在北方称帝时，上朝穿甲胄，甲胄就是朝服。得后晋领土以后，受汉族影响，创立衣冠服制，契丹族官吏着本民族服饰，汉族官吏仍穿汉服。

干亨年间服制有所变化，三品以上的契丹族官吏在隆重典礼时也着汉服。日常官服分两种：皇帝及汉族臣僚着汉服，皇后及契丹族臣僚穿契丹服。

辽兴宗重熙，即公元1032年以后，大礼都改着汉服。由于地处北方，气候寒冷，辽代君臣大都服貂裘。皇帝穿最名贵的银貂裘，大臣穿紫黑貂裘，下属穿沙狐裘等。皇帝公服为紫皂幅巾、紫窄袍、玉束带，或穿红袄。辽代规定，只有皇帝、大臣才可以戴帽及裹巾，中下级官吏、平民百姓私戴违法，这点和唐宋时期大不相同。

2. 金代服制

男子服饰：金代男子的普通衣着是头裹皂罗巾，身穿盘领袍，腰系吐鹘带，脚着乌皮靴。金代服饰最大的特点是采取环境保护色，即衣着颜色与周围环境颜色相同或相近。金人进入黄河流域之后，吸取了宋代服饰仪仗特点。有典礼时，都采取汉服制度，服衮冕，戴通天冠，着绛纱袍。公服有三种颜色：五品以上服紫色，六品、七品服绯色，八品、九品服绿色，公服下加襕。百官常服多为盘领、窄袖，胸间或肩袖饰以金饰花纹，有春水秋山景物，衣襟较短，便于骑马。

女子服饰：金代女服以襜裙为主。它多为黑紫色，上面绣全枝花，周身有六个褶子。上衣为团衫，黑紫色或绀色，直领，左衽，前拂地，后曳地尺余，用红黄带，双垂在前。金代女服较为宽大，显得格外潇洒。

3. 元代服制

元代男服：元代官服蒙古族入关之前，披发椎髻，冬戴帽，夏戴笠。他们的皮帽、皮袄、皮靴，多用貂鼠、羊皮制成。皮袄通常是右衽、方领。灭南宋之后，种族等级森严，蒙古贵族衣着华丽，色目人次之，汉人、南人大多衣着褴褛。蒙古族入关以后，除保持固有的衣冠之外，还引进了汉族朝祭服饰，如冕服、朝服、公服等。男子公服以长袍为主，以罗制成，大袖盘领，右衽。

元代丝绸特点是缕金织物大量应用。纱、罗、绞、縠，无不加金。元人把这种金光闪闪的织金锦叫"纳石失"，意即波斯金锦，它是最华贵的衣料。质孙衣，又叫一色衣，上衣连下裳，衣式紧窄，下裳较短，有精粗之分。

元代衣着的用料，精粗相差悬殊。高官服装多用色彩鲜明的织金锦，以花朵大小表示品级高低。贵族男子夏季礼服，不可缺笠，其质地、造型、装饰都追求华美。

女子服饰：元代贵族妇女一般戴皮帽，穿貂皮袍。这种袍比较宽大，多左衽，袖口较窄，袍长曳地。有的女袍，用大红织金、吉贝锦、蒙茸加工品成。

（八）明朝时期

朱元璋贯彻他"复汉官之威仪"的主张，下诏将元代遗留的辫发、椎髻、胡帽、男子的裤褶窄袖及辫线腰褶、妇女的窄袖短衣、裙裳等一律禁止。又参照周汉，取法唐宋，对服饰制度做了大规模调整。这套服制先后用了二十多年时间，直至洪武二十六年，即公元1393年才算基本确定。永乐、嘉靖时又做了些更改，使各项规定更加具体。明代首创的补子不但是身份的象征，同时也反映出织绣技术的高超。

男子服饰——官服：明代官服恢复唐制，但较唐代的"品色衣"等级差别更加明显。这与朱元璋获取政权后，大量接受儒家思想有关。官服中的冕服只限于皇帝、皇太子、亲王等皇室成员于祭祀或朝会等大典时服用。

女子服饰——明代命妇冠服分礼服与常服两种。皇后礼服用于受册、谒庙、朝会等大典。皇后常服除凤冠外，尚有真红大袖衣、霞帔、红罗长裙、红褙子。永乐时，衣服改用黄色大衫，深青霞帔，上饰珠玉等各种饰物。另有袄子、鞠衣、缘裙等，颜色、质料、花纹等都有规定。明代授有封号官员的祖母、母亲、妻子的服饰也有严格规定。其礼服用于朝见君后、参与祭祀等大典。主要有凤冠、霞帔、大袖衫、褙子等。

（九）清朝时期

从服饰发展的历史看，清代对传统服饰的变革最大，服饰的形制也最为庞杂繁缛。清顺治二年，即公元1645年下剃发令，从此，男子一改束发为削发垂辫，以箭衣小袖、深鞋紧袜，取代了明代的宽衣大袖与统袜浅鞋，传统法服被最后消灭。但从清代服饰中仍可看到对前代服饰某些方面的保留，如衮服、朝服的十二章纹；官服朝挂的补子；官员帽顶所用珠玉、珊瑚、宝石、金银的等差；以及以命妇朝冠所缀金凤、金翟数目多少区分等级的制度。清王朝后期，自同治四年（1865）开始，至光绪时期，先后几次选派学生出国学习。留学生到国外，即剪掉了辫发，开始着西装。以后，清政府开办学堂，操练新军，采用了西式的操衣和军服。学生和军队的服饰也有了改变。

男子服饰——官服：清代的官定冠服，上自皇帝，下至文武官员，以及进士、举人等，均按品级服用。服饰有衮服、朝服、龙袍、常服袍、行袍、端罩、蟒袍、补服、行挂等。

满族女服——清代妇女服饰有满、汉两种。满族妇女一般穿长袍，或外罩坎肩；汉族妇女仍以上衣下裙为主，清中期以后也相互仿效。满族妇女的长袍，袖口平大，长可掩足。贵族妇女用团龙、团蟒，一般则用丝绣花纹。袖端、衣襟、衣裾等镶有各色花边。衣领较低，后渐加高。长袍初极宽大，后腰身渐小。外面往往加罩短的或长及腰间的坎肩，有对襟、一字襟、琵琶襟等各式。这种长袍以后演变为汉族妇女的主要服装——旗袍。

汉族女服——汉族妇女服装较男服变化为少，一般穿披风、袄、裙。披风是外套，作用类似男挂，形制为对襟，大袖，下长及膝。披风装有低领，点缀着各式珠宝。里面为上袄下裙。裙子初期还保存明代的遗俗，有"凤尾裙""月华裙"等式样，后有在裙上装饰飘带的，有在裙幅底下系小铃的，也有在裙下端绣满水纹的，各式各样，颇为美观。清后期，又流行不束裙而着长裤，裤多为绸缎制作，上面绣有花纹。另外还有背心，长可及膝下，多镶滚边。冬季所穿皮衣，有的将里面的毳毛露出在外，叫"出锋"。清代中期以后，妇女冬季流行披斗篷，还有采自西式的大衣，也有沿用明代云肩的。

（十）民国时期

自民国以后，受西方文化的影响，服装逐步演化为现在的服装样式。其中旗袍是民国的国服，盛行于二十世纪三四十年代。行家把二十世纪二十年代看作旗袍流行的起点，三十年代它到了顶峰状态，很快从发源地上海风靡至中国各地。旗袍追随着时代，承载着文明，以其流动的旋律、潇洒的画意与浓郁的诗情，表现出中华女性贤淑、典雅、温柔、清丽的性情与气质。旗袍连接起过去和未来，连接起生活与艺术，将美的风韵洒满人间。

商周礼制十五而笄：西汉深衣制，上襦下裙，街市罗衣飘飘；南北朝衣身紧贴，对襟直领衣袖细窄，引入胡服风范；唐中前期小头鞋履窄衣裳，披帛半臂兴盛；晚唐时世宽妆束，衣裙宽松；宋尚素雅；明霞帔比甲兴盛；清汉族传统服饰终结，满族特色的旗袍影响至今。

汉服是指中华民族的传统服饰，上至商周，下至明清民国，不是只有汉朝的服饰才叫汉服。中国悠久的历史同时也是传统汉服的演变史，这些汉服虽然在当今社会不再使用与穿着，但其独有的美一直流传至今，令人惊叹，是中华民族的一笔宝贵的财富。

二、穿出来的风度——现代职场着装礼仪

在现代社会交往过程中，一个人的仪表与穿着往往决定着别人对其印象的好坏。进一步讲，仪表与着装会影响别人对你专业能力及工作能力的判断。设想一下，有谁会将一个重要的商务谈判任务交给一个蓬头垢面、穿着邋遢的人呢？中国有一句谚语叫："人靠衣装马靠鞍"，还有"佛靠金装，人靠衣装"等谚语，想要给他人留下一个良好的印象，那就需要从衣着、发式、妆容、饰物等方面全方位注重自己的仪表。其中，衣着是最重要的，衣着在某种意义上表明了你对工作、生活的态度。衣着对人的外形的影响非常大，大多数人对另一个人的认识，可以说就是从穿着开始的。衣着本身就是一种武器，它反映出个人的气质、性格甚至是内心世界。

下面就现代职场的正装着装礼仪进行专门讲述。一般来讲，正装指出席一些严肃的场合所穿戴的正式服装。男士的正装穿着是十分讲究的。在西方国家，正装包括西装、燕尾礼服；在中国，正装则以西装为主，有时也可以穿着中山装。女士正装分职业正装和晚宴礼服。

（一）职场正装的着装原则

1. TPO 原则

所谓 TPO 原则，即着装时要考虑到时间"Time"、地点"Place"、场合"Occasion"三个要素。TPO 原则，是有关服饰礼仪的基本原则之一。它要求人们在选择服装时，应力求使自己的着装及其具体款式与着装的时间、地点、场合协调一致，并与之产生和谐般配效果。

2. 盛装原则

在出席重要的活动中，如果不知道选择什么类型的正装，穿得隆重一些是一种最安全的着装方法。英文中有一句谚语叫"Over dress is always better than down dress"，其含义就是穿得好一些永远比穿得差一些好。

3. 统一原则

最稳妥的穿衣原则就是一定要风格分明，不能"混搭"，在注意类型统一的同时，还应注意服装各部分之间款式、服装与配件款式的统一和协调。

4. 三色原则

所谓"三色原则"，是指全身上下的衣着，应当保持在三种色彩之内。三色原则，是选

择正装色彩的基本原则。要求正装的色彩在总体上应当以少为宜,最好将其控制在三种色彩之内,否则就会显得不伦不类,失之庄重与大气。

5. 扬长避短原则

世界上没有绝对完美的身材,但我们可以选择不同的穿衣风格来"扬长避短"。着装要充分体现服装的美化与遮盖作用,要注意用服装来突出自己身体条件的优势,掩蔽劣势。

（二）西服着装礼仪

西服起源于欧洲,西装的结构源于北欧南部的日耳曼民族服装。据说西服当时是渔民穿的,他们终年与海洋为伴,在海里谋生,衣服散领、少扣、捕起鱼来才会方便。它以人体活动和体形等特点的结构分离组合为原则,形成了以打褶、分片、分体的服装缝制方法,并以此确立了日后流行的服装结构模式。也有资料认为,西装源自英国王室的传统服装,由上衣、背心和裤子组成。在造型上延续了男士礼服的基本形式,属于日常服装中的正统装束,使用场合甚为广泛,并从欧洲影响到国际社会,成为世界指导性服装。

西装之所以长盛不衰,很重要的原因是它拥有深厚的文化内涵,主流的西装文化常常被人们打上"有文化、有教养、有绅士风度、有权威感"等标签。西装一直是男性服装王国的宠物,例如"西装革履"常用来形容文质彬彬的绅士。西装的主要特点是外观挺括、线条流畅、穿着舒适。若配上领带或领结后,则更显高雅。

在日益开放的现代社会,西装作为一种衣着款式也进入到女性服装的行列,体现出女性和男士一样的独立、自信,也有人称西装为女人的千变外套。尤其是在商务活动中,不管是出席具有庆典性质的活动,还是日常的商务工作,西装都是职业人士最佳的着装选择。

1. 西装的分类

（1）男士西装分类。

男士西装按西装上衣的纽扣排列来划分,分单排扣西装上衣与双排扣西装上衣。

单排扣的西装上衣,最常见的有一粒纽扣、两粒纽扣、三粒纽扣三种。一粒纽扣、三粒纽扣的单排扣西装上衣穿起来较时髦,而两粒纽扣的单排扣西装上衣则显得更为正式一些。

双排扣的西装上衣,最常见的有两粒纽扣、四粒纽扣、六粒纽扣等三种。两粒纽扣、六粒纽扣的双排扣西装上衣属于流行的款式,而四粒纽扣的双排扣西装上衣则更具有传统风格。

所谓版型,指的是西装的外观轮廓。按男士西装的版型为西装分类,严格地讲,有四大基本版型。

第一种版型:欧版西装。欧板西装实际上是在欧洲大陆,比如意大利、法国流行的。总体来讲,它们都叫欧版西装。在选这种欧版西装时,要三思而后行,因为此类西装的肩较宽,东方人的骨架没有欧洲人的大,因此很难撑起欧版西装。双排扣、收腰、肩宽,是欧板西装的基本特点。

第二种版型：英版西装。属于欧版的一个变种。它是单排扣，但是领子比较狭长。英版西装，一般是三个扣子的居多，其基本轮廓是倒梯形。

第三种版型：美版西装。美国版西装的基本轮廓特点是 O 形。它宽松肥大，适合于休闲场合穿。所以美版西装往往以单件者居多，一般都是休闲风格。美国人一般着装的基本特点可以用四个字来概括，就是宽衣大裤。强调舒适、随意，是美国人的特点。

第四种版型：日版西装。日版西装的基本轮廓是 H 形的。它适合亚洲男人的身材，没有宽肩，也没有细腰。一般而言，它多是单排扣式，衣后不开衩。

男士西装按西装的件数来划分，分单件西装，二件套西装，三件套西装。男士在正式的交往中所穿的西装，必须是西服套装，在参与或出席高层次的活动时，以穿三件套的西服套装为佳。

男士西装按穿着场合来划分，可以分为礼服和便服两种。其中礼服又可以分为常礼服（又叫晨礼服，通常于日常穿）、小礼服（又叫晚礼服和燕尾服）；便服分为便装和正装。

（2）女士西装分类。

女士西装主要有西装套裙、西服套装（裤装）两类。

① 西装套裙。

按照裙子的造型来分类，可分为：

"X"裙型。腰部收线，裙下摆宽，适合腰细大腿粗的女士。并且看起来非常优雅，尽显知性美。

"H"裙型。上衣宽松，裙子为直筒式。让着装者显得优雅、含蓄，为身材肥胖者修饰身形。

"A"裙型。上身紧身，下裙宽松式。体现上半身的身材优势，又适当掩盖下半身身材劣势。

"Y"裙型。上身宽松，裙子紧身式（以筒式为主）。遮掩上半身短处，突出下半身长处。

按照裙子的长短来分类，女子裙子一般有三种形式：及膝式、过膝式、超短式。白领女性超短裙裙长应不短于膝盖以上 15 厘米。

按照套裙上衣的宽窄来分类，套裙的上衣可分为松身式、紧身式（倒梯形）两种，前者时髦，后者比较正统。

② 西服套装（裤装）。

裤装不同于裙装，选择长裤可以带来干练的魅力，但是在选择长裤时，臀部和裤管要稍微宽松，不要像牛仔裤一样紧贴在身上。且裤长不宜太短，微长较好。

2. 西服的搭配

（1）男士西装搭配。

① 领带。

a. 领带的起源。

在现代社会，领带已经成为男士西服最重要的配饰之一，关于它的起源，有以下几种说法。

领带保护说。有人认为领带最早起源于日耳曼。早期日耳曼人居住在深山老林里，茹毛饮血，披着兽皮取暖御寒，为了不让兽皮掉下来，他们用草绳扎在脖子上，绑住兽皮。这样一来，风就不能从颈间吹进去，既保暖又防风，后来他们脖子上的草绳被西方人发现，逐步完善成了领带。另有人认为领带起源于海边的渔民，渔民到海里打鱼，因为海上风大而冷，渔民就在脖子上系上一条带子，防风保暖，渐渐地带子成了一种装饰。保护人体以适应当时的地理环境和气候条件，是领带产生的一个客观因素，这种草绳、带子便是领带的"前身"了。

领带功用说。认为领带起源是因为人们出于生活的需要，领带具有某种用途，这里又有两种传说。

一种认为领带起源于英国男子衣领下专供男子擦嘴的布。工业革命前，英国也是个落后国家，成年男子又流行络腮胡子，吃大块肉时一啃就把胡子弄油腻了，男人们就用袖子去擦。为了对付男人这不爱干净的行为，妇女们在男人的衣领下挂了一块布专供他们擦嘴。久而久之，衣领下面的这块布就成了英国男式上衣传统的附属物。工业革命后，英国发展成为一个发达的资本主义国家，人们对饮食开始讲究起来，男士们吃饭变得慢条斯理，已经不用衣领下的布来擦嘴了，于是那条挂在衣领下的布逐渐演化成了领带。

另一传说则认为领带是罗马帝国时代，军队中的士兵为了达到防寒、防尘等实用目的而在衣领下使用的布。军队去前线打仗，妻子为丈夫把类似丝巾的方巾挂在他们的脖子上，在战争中要是受伤则用来包扎、止血的。到后来，部队为了区分士兵、连队，采用了不同花色的领巾，进而演变发展到今日，成为职业服装的必需品。

领带装饰说。认为领带起源是人类美的情感的表现。17 世纪中叶，法国军队中一支骑兵凯旋回到巴黎。他们身着威武的制服，脖领上系着一条围巾，颜色各式各样，非常好看，骑在马上显得十分精神、威风。巴黎一些爱赶时髦的纨绔子弟看了，倍感兴趣，竞相仿效，也在自己的衣领上系上一条围巾。第二天，有位大臣上朝，在脖领上系了一条白色围巾，还在前面打了一个漂亮的领结，路易十四国王见了大加赞赏，当众宣布以领结为高贵的标志，并下令上流人士都要如此打扮。

b. 领带的款式。

领带有三种款式：领带的款式主要体现在领带的宽度上，常用的领带宽度多为 8~9 厘米，最宽的可达 12 厘米，最窄的仅有 5~7 厘米。

c. 领带与西服相搭配。

领带与西服相配，多体现在色彩上相和谐。具体的色彩搭配可参看本章"色彩"方面的内容，此处不过多讲解。

d. 领带的系法。

一条小小的领带有很多种打法，各种不同的领带结虽然看起来比较相似，其实背后都藏着不同的内容。下面是九种不同但常用的领带打法[①]。

平结（Plain Knot）：平结是男士们选用最多的领带打法之一。几乎适用于各种材质的领带。完成后领带打法呈斜三角形，适合窄领衬衫。

---

① 引自百度文库，《领带的十种打法详细图解》。

平结 -Plain Knot

双环结（Double Knot）：一条质地细致的领带再搭配上双环结颇能营造时尚感。适合年轻的上班族选用。该领带打法完成的特色就是第一圈会稍露出于第二圈之外，不需要刻意盖住。

双环结 -Double Knot

交叉结（Cross Knot）：这是单色素雅质料且较薄领带适合选用的领带打法。交叉结的特点在于打出的结有一道分割线，非常有时髦感。

交叉结 -Cross Knot

双交叉结（Double Cross Knot）：双交叉结很容易体现男士高雅且隆重的气质，适合正式活动场合选用。该领带打法应多运用于素色且丝质领带，最好搭配大翻领的衬衫，不但适合且有尊贵感。

双交叉结 -Double Cross Knot

温莎结（Windsor Knot）：温莎结是因温莎公爵而得名的领带结，是最正统的领带打法。打出的结呈正三角形，饱满有力，适合搭配宽领衬衫。在打时，宽边先预留较长的空间。绕带时的松、紧会影响领带结的大小。

温莎结 -Windsor Knot

亚伯特王子结（The Prince Albert Knot）：亚伯特王子结适用于浪漫扣领及尖领系列衬衫，在打时宽边先预留较长的空间，并在绕第二圈时尽量贴合在一起，即可完成此一完美结型。

亚伯特王子结 -The Prince Albert Knot

简式结（马车夫结）（The Simple Knot）：适用于质地较厚的领带，最适合打在标准式及扣式领口衬衫上。简式结非常简单易打，其特点在于先将宽端以180度由上往下扭转，并将折叠处隐藏于后方完成打结。这种领带结非常紧，流行于18世纪末的英国马夫中。

简式结（马车夫结） -The Simple Knot

浪漫结（The Trend Knot）：浪漫结是一种完美的结型，故适合用于各种浪漫系列的领口及衬衫。浪漫结能够靠褶皱的调整自由放大或缩小，而剩余部分的长度也能根据实际需要任意掌控。浪漫结的领带结形状匀称、领带线条顺直优美，容易给人留下整洁严谨的良好印象。

浪漫结 -The Trend Knot

半温莎结（十字结）（The Half-Windsor Knot）：最适合搭配在尖领及标准式领口系列衬衣上。半温莎结是一个形状对称的领带结，看似很多步骤，做起来却不难，系好后的领结通常位置很正。使用细款领带较容易上手，适合不经常打领带的人。

半温莎结 -The Half-Windsor Knot

② 衬衫。

男士西装中衬衫和西装的搭配是一门学问，若搭配不妥，很有可能会破坏整体的感觉，搭配得巧妙则可以吸引众人的眼光。

西装的近色搭配。即杂色的西装可搭配色调类似的素色衬衫。

西装和衬衣的颜色对比。西装和衬衣在色调上要有鲜明的对比，西装颜色深，那么衬衫的色调颜色相对来说要更鲜明。深颜色的西装搭配白衬衣，一般来说都是合适的。

西装的条纹和方格。带方格的西转不宜搭配条纹的衬衣，条纹西装也不宜搭配方格衬衣。

③ 腰带。

皮带具有装饰性，男士在穿西装时，不要在皮带上挂钥匙、手机等，这样会非常影响皮带的装饰性，看上去既不简洁也不干练。皮带的长度应在皮带系好后，尾端应该介于第一和第二个裤绊之间，既不要太短也不要太长。至于皮带的宽窄，皮带太窄会使男人失去阳刚之气，太宽的皮带只适合于休闲、牛仔风格。一般皮带宽窄应该保持在3厘米。还有，男士在系皮带时，要让皮带扣与拉链在一条线上。

④ 裤管中折线。

裤管的中折线一定要不偏不倚、比直而自然地垂到鞋面，只有这样中心折线才能撑出裤管英挺的质感。

⑤ 袖扣。

西服的袖扣虽然小，但能体现出男人对于着装的品位和要求。在千篇一律、大同小异的西服中，袖扣便是细节，细节有时可以决定成败。

⑥ 袜子。

袜子的颜色一定要与西服的颜色相配，如穿深色西服就要搭配黑色、藏蓝色等深色袜子；穿浅颜色的西服要搭配浅色袜子。另外袜子的长度也要注意，太长的袜子会显得土气，太短的袜子会在坐下时露出腿上部分皮肤，这都是不雅观的。所以一般袜子的长度大约是在小腿以下的位置。

⑦ 鞋。

传统正式西装一定要配优质的黑色牛皮鞋，样式应当尽量简单。不管什么西装都不要穿篮球鞋、足球鞋、休闲跑步鞋之类。

（2）女士西服搭配。

① 面料。

女士套裙面料选择的余地要比男士西装大得多，宜选纯天然质地且质量上乘的面料。上衣、裙子要求同一面料。面料要讲究平整、光洁、柔软、悬垂、挺括，不仅要求弹性好、手感好，而且不起皱、不起毛、不起球。

② 图案。

女士正装讲究朴素简洁，以没有图案为最佳，或选格子、圆点、条纹等图案。

③ 衬衫。

女士西服上衣内搭配的面料应轻薄柔软，如真丝、麻纱、府绸、罗布、涤棉等面料，颜色应雅致端庄，没有图案，款式不宜太过时尚，以传统款式为宜。衬衫最好长过西服2~4厘米。女士在穿衬衫时应注意将衬衫下摆披入裙内，衬衫公共场合不能直接外穿。

④ 丝袜。

如选择西装套裙，不能光腿，一定要穿丝袜（黑色或肉色的），如果丝袜上有划痕或是抽丝，则不能再穿。

⑤ 鞋。

搭配女士西装的鞋应以没有鞋带的中、高跟皮鞋为最佳选择。鞋子的颜色最好与手提包相一致。最好不要选择太过艳丽的颜色。

（三）穿西装的注意事项

1. 男士西服着装注意事项

（1）通常一件西服的外袋是缝上的（即暗袋），不要随意拆开，它可保持西装的形状，使之不易变形。

（2）衬衫一定要干净、挺括，不能出现脏领口、脏袖口，需要每天更换。

（3）系好领带后，领带尖不能触到皮带上。

（4）如果系了领带，一定要穿皮鞋，不能搭配休闲鞋。

（5）西服袖口商标一定要剪掉。

（6）腰部不能别手机、打火机、钥匙等。

（7）穿深色西装时不要穿白色袜子。

（8）衬衫领开口、皮带袢和裤子前开口外侧线不能歪斜，应在一条线上。

（9）如想保持西装完美的原形，尽量找专业干洗店干洗，不可进行手洗。

2. 女士西服穿着注意事项

（1）内衣、衬裙不外露、不外透，且颜色要一致，外深内浅。

（2）衬衫下摆掖入裙内，纽扣系好，衬衫公共场合不能直接外穿。

（3）套裙选择时，不能选皮裙。

（4）穿套裙时，不能光着腿，一定要穿丝袜。因丝袜易滑丝，且应随身准备一双新的丝袜。

（5）穿上套裙，应时刻注意坐姿和站姿。

（6）一定要配高跟鞋，不要穿运动鞋、板鞋等休闲鞋。

三、不同场合下的服装选择

在各种场合都应讲究服饰礼仪，正式的、隆重的场合应着礼服，着装应庄重，避免轻佻。男士西装颜色宜深些，不宜穿 T 恤、紧身裤及牛仔裤出席。郊游时最好穿随意性较强的休闲装，颜色可鲜艳些，与郊外秀丽的风光相适应，而穿正规的西装、高跟鞋则会显得不和谐。参加晚会、音乐会可穿华丽的服装，而出席婚礼、宴会，到朋友家做客，或参加联欢会则穿着应美观大方，女士应当化妆打扮，但应自然、得体，切不可化浓妆，过分炫耀，尤其是在婚礼或宴会中，装扮不应超过主人，否则就被视为不礼貌。参加葬礼或吊唁活动，应穿着黑色或深色服装，女士不宜抹口红，不宜佩戴饰物。在不同的时间、地点、场合穿着符合身份的得体服装,是社交活动中着装的基本原则。着装得体,能显示出自身特有的品味和风格,产生特殊的魅力。如果不符合这条原则,即使穿上华丽、名贵的服装,也会让人感觉不适,甚至闹出笑话。

第三节 配饰

远古时期,人们就知道用贝壳串成项链、将野花编成花环来修饰自己,这些最初的、原始的配饰体现出人类对美的渴求和向往,进入奴隶社会与封建社会,配饰不仅仅是美的体现,更是贵族身份的象征。配饰发展传承至当今社会,已是品种多样、数量繁多,不仅可以起到装饰作用,同时也体现出我们的品位。配饰在我们生活中看似可有可无,实则不可或缺。一件合适的配饰往往会起到画龙点睛的作用。从一个人的配饰我们可以看出主人的品位和审美取向。同时,我们也可以从一件优秀的首饰作品中感受到设计者的创作灵魂。

配饰有其自身的发展与文化,中国古代的配饰在现代虽然不能再佩戴,但是其独有的美和魅力依旧吸引着当代人为之着迷并多加赞叹。

一、中国古代的几种配饰

(一)簪

簪是古代男女最常用的绾髻工具,可用骨、石、陶、蚌、荆、竹、木、玉、铜、金、象牙、牛角及玳瑁等制成。

先秦时期,发簪被称作"笄"。在男子盛行带冠之时,发笄还有固冠作用,以免冠滑坠。女子插笄是长大成人的一种标志,到时还要举行仪式,行"笄礼"。笄礼源于周代。

(二)冠

冠,是专门供贵族戴的帽子。在我国古代,人们把系在头上的装饰物称为"头衣",主要有:冠、冕、弁、帻四种。汉代的时候,冠的种类非常多。古代男子到成年则举行加冠礼,叫做冠,一般在二十岁。冠礼,是华夏民族嘉礼的一种,是古代中国汉族男性的成年礼。冠礼表示男青年至一定年龄,可以婚嫁,并从此作为氏族的一个成年人,参加家族各项活动。

（三）凤冠

凤冠是古代皇帝后妃的冠饰，其上饰有凤凰样珠宝。明朝凤冠是皇后受册、谒庙、朝会时戴的礼冠，其形制承宋之制而又加以发展和完善，因之更显雍容华贵之美。明清时一般女子盛饰所用彩冠也叫凤冠，多用于婚礼时。

（四）巾帼

先秦时期，男女都能戴帼，用作首饰。到了汉代，才成为妇女专用。巾帼是古人使用的一种首饰，宽大似冠，高耸显眼，内衬金属丝套或用削薄的竹木片扎成各种新颖式样，外紧裹一层彩色长巾而成。这种冠饰，戴在头上，罩住前额，围在发际，两侧垂带，勒于后脑，可以随时取下（如脱帽），也可随时戴上（只需系紧侧带）。

（五）璎珞

古代用珠玉串成的装饰品，多作为颈饰。璎珞原为古代印度佛像颈间的一种装饰，后来随着佛教一起传入我国。"璎珞"的制作材料，在《维摩诘经讲经文》中有"整百宝之头冠，动八珍之璎珞"的记载；《妙法莲华经》记载用"金、银、琉璃、砗磲、玛瑙、真珠（即珍珠）、玫瑰七宝合成众华璎珞"，可见璎珞应由世间众宝所成，有"无量光明"的美好意愿。唐代时，璎珞被爱美求新的女性所模仿和改进，变成了项饰。

璎珞的款式非常复杂，以颈饰为主，悬挂上各种珍宝串饰，从颈部一直垂至胸前，有的甚至和臂饰相连，乃及足踝，成为挂满全身的饰物。《红楼梦》里一开头写宝玉出场时，就都戴着只"金螭璎珞圈"，璎珞上自然是挂着他的记名锁和"通灵宝玉"。

（六）腰饰

古代的腰饰主要包括玉佩、带钩、香囊及其他腰间携挂物。中国古代腰饰种类繁多，远远超过今人。从质地上分，大致有玉制、丝制、金属制、皮革制等几种。

其中，玉是古代最主要的佩饰，古人多以玉喻人，有"古之君子必佩玉""君子比德于玉"等说法。

许慎《说文解字》也称："玉，石之美者。有五德：润泽以温，仁之方也；理自外，可以知中，义之方也；其声舒扬尊以远闻，智之方也；不折不挠，勇之方也；锐廉而不忮，絜之方也。"

以下是几种玉质腰饰：

1. 玉扣

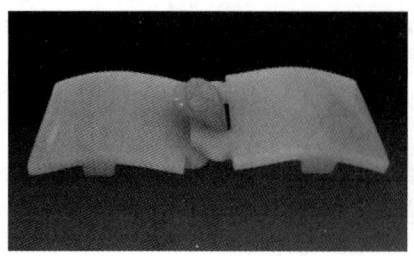
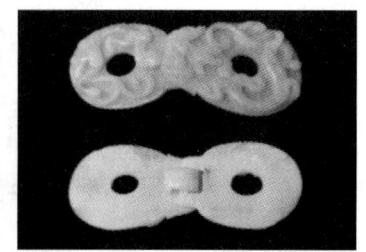

2. 玉佩

古人的很多生活器具都是玉雕成的，但能常戴在身上的唯有玉佩。古人对玉佩的热爱不是因为玉的贵重，而是源于玉的品格，所以古语有"君子无故，玉不去身"之说。

战国、秦汉时期的玉佩繁缛华丽，甚至数十个小玉佩，如玉璜、玉璧、玉珩等，用丝线串联结成一组杂佩，用以突出佩戴者的华贵威严。

魏晋以后，男子佩戴杂佩的渐少，以后各朝都只是佩戴简单的玉佩，而女子很长时间里依然佩戴玉佩，通常系在衣带上，走起路来环佩叮当，悦耳动听，因此"环佩"也渐渐成了女性的代称之一。

3. 玉璜

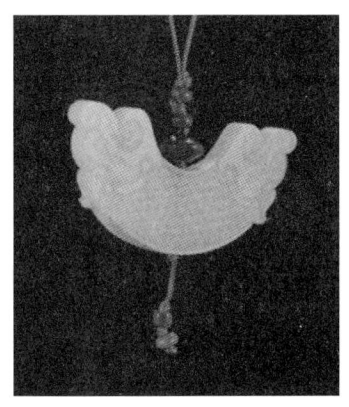 

4. 香囊

香囊，也称"锦囊"或"锦香袋"。一般系于腰间或肘后之下的腰带上，也有的系于床帐或车辇上。

香囊质地种类很多，有玉镂雕的，金累丝、银累丝、点翠镶嵌和丝绣的。一般制成圆形、方形、椭圆形、倭角形、葫芦形、石榴形、桃形、腰圆形、方胜形等等，囊多是两片相合中间镂空，也有的中空缩口，但都必须有孔透气，用以散发香味。

顶端有便于悬挂的丝绦，下端系有结出百结的系绳丝线彩绦或珠宝流苏。

二、现代饰品的种类

（一）头饰

头饰主要指用在头发四周及耳、鼻、眼等部位的装饰。具体可以分为：

（1）发饰。包括发夹、头花、发梳、发冠、发簪、发罩、发束等。
（2）耳饰。包括耳环、耳坠、耳钉等。
（3）鼻饰。多为鼻环。
（4）眼饰。多为墨镜。
（5）头饰。多为各种帽子。

（二）胸饰

胸饰主要是用在颈、胸、背、肩等处的装饰。具体可分为：
（1）颈饰。包括各式各样的项链、项圈、丝巾、长毛衣链等。
（2）如胸针、胸花、胸章等。
（3）腰饰。如腰链、腰带、腰巾等。
（4）肩饰。多为披肩之类的装饰品。

（三）手饰

手饰主要是用在手指、手腕、手臂上的装饰。包括手镯、手链、臂环、戒指、指环之类，有时候我们将手表视为手饰的一种。

（四）脚饰

脚饰主要是用在脚踝、大腿、小腿的装饰。常见的是脚链、脚镯、广义上还可以包括各种具有装饰性的袜子。

（五）挂饰

挂饰主要是用在服装上或随身携带的装饰。比如纽扣、钥匙扣、手机挂饰、手机链、包饰等。

三、几种常见饰品的佩戴方法

（一）丝巾

《荷马史诗》中对维纳斯有这样一段描写："她身上经常带着一条上面绣得奇奇怪怪的带子，里面包藏了她的全套魔术，有爱和情欲、以及要把一个聪明男人变成傻子的甜蜜迷魂话语。后来，天后赫拉得知维纳斯拥有这神奇的法宝，便向她借取这条'用以降伏人类和诸神的全部能力'的带子以迷惑宙斯。"文艺复兴时期克尔阿那赫所画的《田野里的维纳斯》中，就清楚地描绘了维纳斯身边这条透明轻盈的带子。有人认为，这就是丝巾最早的样子。

丝巾，薄如蝉翼，形若流云，舞动于颈项，让人如痴如醉。伊丽莎白·泰勒曾说过："不系丝巾的女人是最没有前途的女人。"奥黛莉·赫本曾说过："当我戴上丝巾的时候，我从没有那样明确地感受到我是一个女人，美丽的女人。"丝巾因变化而美丽，增加了女性身上

"柔"的元素，使女士具有更加灵动的气质，丝巾无疑是最增加女士个人魅力的配饰之一。

丝巾是女性的个人颜料箱，尤其对因工作而不能穿颜色艳丽服装的职业女性来说，只要一方丝巾，就立刻使平凡的衣着增色。丝巾有各种不同的质地，丝质给人精致之感，雪纺给人妩媚之感，麻纺给人古朴之感，羊毛给人温馨之感等。然而，无论何种质地，表面越光滑给人的感受越正式；表面皱质、有结花或凸起纹理的则给人以悠闲感。

丝巾用于搭配服饰，起到修饰作用，适合不同年龄段的人群，以下是几种丝巾的戴法：

丝巾系法一：

（1）将丝巾对角四折成条状。

（2）系红领巾结。

（3）将丝巾调整成领带形。

丝巾系法二：

（1）将丝巾对折成条形。

（2）在丝巾的一端打结。

（3）将未打结的一端，从结中穿出。

丝巾系法三：

（1）将丝巾纵向对折，在一端10厘米处打结。

（2）将另一端折出3厘米左右的风琴折。

（3）将风琴折穿入孔中，并拉紧打结的一端。

丝巾系法四：巴黎结。

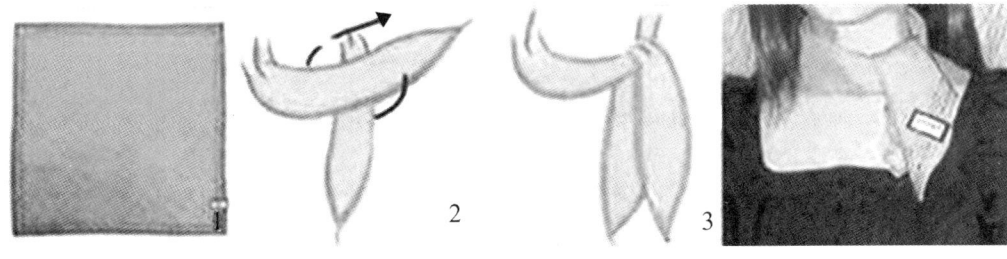

（1）利用重复对折将方巾折出领带型，绕在颈上打个活结。

（2）将上端遮盖住结眼，并将丝巾调整至适当位置。

丝巾系法五：海芋结。

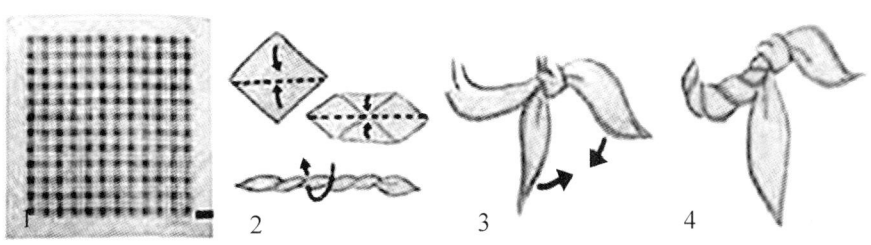

（1）将方巾重复对折，稍微扭转后绕在颈上。

（2）重复打两个平结，并让两端保持等长。

（3）将两端分别置于胸前及肩后。

柔美简单的海芋结，出门时选一条方巾，保暖又具时尚感。

丝巾系法六：竹叶结。

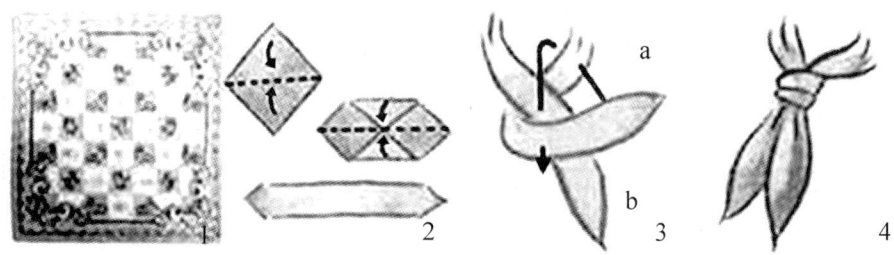

（1）将方巾重复对折成领带型。

（2）将方巾绕在脖子上，较长的a端绕过b端穿过颈部内侧，再由结眼拉出。

（3）将a端拉出后，拉紧固定，调整尾端与结的位置。

丝巾系法七：凤蝶结。

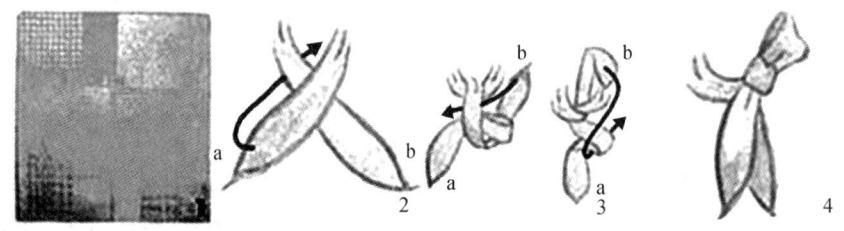

（1）折出斜角口长带后，将a端拉长套在颈上，打个结。

（2）将长的a端打个圈，短的b端绕过圈，打出单边蝴蝶结。

（3）将单边蝴蝶拉好，结眼移到侧边，调整形状。

粉柔美的凤蝶结，很适合上班或正式的聚会。

（二）胸针

胸针是一件很特别的配饰，奥地利作家 Stefan Zweig 曾经在他的第一部小说《艾利卡埃·瓦尔德之恋》中写道："胸针之于女性，象征大过于装饰，因为它是所有饰物中唯一不和女性身体发生接触的特例。"众所周知，英国皇室成员对宝石胸针情有独钟，伊丽莎白女王、凯特王妃等都对宝石胸针青睐有加，几乎在任何场合都会佩戴。

胸针在男士中也很流行。男士在某些场合中想通过细节凸显不俗品位时，一枚恰当的胸针可以起到点睛之笔的作用。

但男士的胸针佩戴方式，相对比较严格，胸针的上下位置应该在第一及第二纽扣之间平行位置上。男士在正式场合佩戴胸针显得更庄重。

相较之下，女士佩戴胸针的方式比较多样。以下是几个佩戴胸针的小技巧：

（1）如果服装的色彩比较简洁单一，则可以佩戴有花饰的胸针，这样就会展现出高贵独特的风采。

（2）如果服装是不规则或者线条不对称的服装上，可以把胸针别在服装正中部位，这样可以起到平衡视观的作用。

（3）如果下衣是颜色较深的裙或裤子，上衣是多色彩的，这时候胸针的颜色应该与下身色彩一致。

（4）穿薄羊毛衫、衬衫的时候，可以简单佩戴小巧玲珑、款式别致的胸针。

（5）将胸针别在围巾上，也是一种很好的选择。将胸针扣在围巾或丝巾两端交接的位置，这样既能点缀纯净的围巾，还能起着固定围巾的作用。

（6）一个别致的胸针扣在帽子上，也可让人显得优雅高贵，不落俗套。

（7）胸针除了别在胸前的一边外，还可以扣在樽领的一边，这样看起来既优雅又浪漫。

（8）若扣在胸前的话，可以尝试把几个小型胸针不规则地扣在一起，创造活泼跳动的感觉。

（三）帽子

中国古代，无帽而有巾，人们用丝、麻制的巾来包头或扎发，如今西南少数民族使用的"包头巾"便是古代巾的遗留。魏晋南北朝的北周时期，武帝为易于让自己的军队戴"巾"，特意把巾制成含有四个角的形状，当时称作"幞头"，实际它便是我国最早的帽子。后来，四角帽逐渐改为向左右延伸出两个长角，由此演变成乌纱帽。左右伸出的两角在脑后交叉，又发展成武官的头盔。

帽子发展至现代社会，在男女的衣着搭配中仍然有着非常重要的地位。帽子的款式种类繁多，但平时常见的帽子，也是用途较广的帽子，有冬天的无边帽，夏天的鸭舌帽，男装的毡帽，女装的大礼帽，还有军队的贝雷帽。

（1）无边帽。无边帽是以帽檐为标准适合头部的帽子的总称，它的种类也有很多，有美国式的无边帽、制服帽和布制的无边帽。

（2）鸭舌帽。鸭舌帽的帽顶接近持平，跟无边帽一样可以将它卷起，鸭舌帽与无边帽相比帽檐较长，因此适合夏天戴。

（3）毡帽。以土耳其毡帽为典型代表，帽子质地柔软，并且没有帽檐。毡帽是土耳其人一种必佩的饰物，土耳其人出门都必须佩戴。

（4）大礼帽。大礼帽分为冬夏两式，冬用黑色毛呢，夏用白色丝葛，是19世纪晚期到20世纪初期流行的一种阔边、平顶、高筒的帽子。制作多用圆顶，下施宽阔帽檐。

戴帽子和穿衣服一样，要尽量扬长避短，帽子的形式和颜色，必须和衣服、围巾、手套及鞋子配套，不但要自己戴着感觉满意，也要让人看着觉得雅观。

（四）耳环、项链、戒指

1. 耳环

在古代，耳环又称为珥、珰。在材料上，耳环都是以金属为主，也有些可能是石头、木或其他相似的硬物料。而现今，也有用塑料作为材料的耳环。

关于耳环的由来，还有一个有趣的故事。相传古代有一位害眼病的姑娘，不久双目便失明了。后来，她有幸遇到一位名医，名医认为她可以复明。在征得姑娘的同意后，拿起闪闪发光的银针在她两侧耳垂中各刺一银针后，奇迹出现了，姑娘重见光明。姑娘非常感激，于是请银匠精制一对耳环戴在耳上，以示永不忘记名医之恩。当姑娘戴上银耳环后，她日益眉清目秀，并逢人传诵名医的声名。穿耳戴环能明目的奇迹相继传开以后，许多富裕人家的姑娘和妇女都纷纷穿耳戴环，并流传至今。

其实，"穿耳"的科学原理依据的是我国古代医学中的一种"耳针治疗"，即用小毫针、皮内针或其他方法刺耳穴进行治病。现代医学也证实：耳垂正中具有穴位，刺激它对保护视力和防治睑腺炎、急性结膜炎、老年白内障、中心性视网膜炎等各种眼病，特别是对近视眼有良好的疗效。

耳环的选择与脸型、发型密切相关。

方脸适宜戴一对圆形或长圆形耳环，这样可以缓冲脸型的棱角。不宜戴方型、三角形或四方有角的耳环。圆形脸适宜戴边角形、尖形的耳坠，能造成一种修长感，使人显得秀气。心形脸宜选佩三角形、钳形的耳环，这样脸型和耳环就显得协调。瘦长形脸宜戴扣型耳环，可使脸部显得较宽。三角形脸最好戴上窄下宽的耳坠，如心形、梨形等，这样可使本来瘦尖的下颌显得丰满一些，也显得玲珑别致。鹅蛋形脸或椭圆形脸，这种脸型的女性戴耳环的视觉效果较好，基本不挑耳环的款式。

留披肩长发的女性，佩戴狭长的耳坠会显得漂亮而醒目；留短发的女性，短发与精巧的耳钉搭配可衬托女性的活泼和精明；而古典的发髻搭配吊附式耳饰使人典雅、大方；还要注意的是戴眼镜或是墨镜的女性不宜戴大耳环，因为眼镜在脸部已占据较大的面积，如佩戴小耳饰作点缀，则大小错落，别有情趣。

此外，耳饰和服装一样，要与年龄、个性和身份相符。学生或是职场女性的耳环应以简洁为好，耳钉则是不错的选择。

2. 项链

项链是人体的装饰品之一，是最早出现的首饰。用作项链的珠宝有钻石、红宝石、蓝宝石、绿宝石、翡翠、天然珍珠等高级材料，也有玛瑙、珊瑚玉、象牙、养殖珍珠等次一等级的材料。

佩戴项链应和服装相呼应。例如：身着柔软、飘逸的丝绸衣衫裙时，宜佩戴精致、细巧的项链，会显得妩媚动人；穿单色或素色服装时，宜佩戴色泽鲜明的项链。这样，在首饰的点缀下，服装色彩可显得丰富、活跃。

项链宜和同色、同质地的耳环或手镯搭配佩戴，这样可以收到最佳效果。

珍珠的天然色泽柔和而光润，有如女性嫩润的肌肤，有一种高贵典雅的飘逸感。无论是古装还是时装，珍珠都可与之相配达到和谐效果。如想突出自己优雅的气质，一条白色的珍珠项链无疑是不错的选择。

3. 戒指

戒指是一种戴在手指上的装饰品，任何人都可以佩戴。佩戴戒指的习俗源远流长，不同的地方对不同的佩戴方式有着不同的代表含义。在中国，戒指的使用至少有两千多年的历史。从大量文献来看，秦汉时期，中国妇女已普遍佩戴戒指。

戒指在古代多称为"指环"，而"戒指"之名则出现于元代。戒指传至民间，其作用就不仅是简单的装饰品了。男女互爱，互相赠送，山盟海誓，其中便有以戒指为证的例子。戒指戴在不同的手上、不同的手指上有不同的含义：

右手小指：不谈恋爱。右手无名指：热恋中。右手中指：名花有主。右手食指：单身贵族。左手小指：不婚族。左手无名指：结婚。左手中指：订婚。左手食指：未婚。因为左手的无名指有一根血管直接与心脏联系，所以新人一定要把结婚戒指亲手戴在对方的左手无名指上。

国际上比较流行的戴法是：食指——想结婚，表示未婚；中指——已经在恋爱中；无名指——表示已经订婚或结婚；小指——表示独身。大拇指都是代表权势的意思，也可以做自信的意思。

（五）皮包

皮包不仅具有使用价值，也有极强的装饰作用。皮包的款式多样，有女包、男包、手袋、旅行包等。进入社会、职场后，不管是男士还是女士都要有一款精致高档的皮包，应选上好的小羊皮或牛皮。

其中男士的公文包里要有足够使用的夹层，安置所有的东西。正式的包应该是四四方方的、带着手柄，现在流行的腋下夹包多属于休闲款，不适合正式场合。但平时上班和外出所使用的皮包不必太过华丽，以实用性和耐用性为主。此外，不管是男士还是女士在选择皮包时，还要注意其颜色与服饰的统一性、款式与身材的协调性等要素。

（六）手表

相对于女士而言，手表对男士来说更有重要的配饰意义，因为手表最能体现一个男人的身价，也是最好的最有价值的配饰品之一。

戴上手表首先给人的感觉是这个人很有时间观念，做事很讲究效率。男人一旦给人一种这样的感觉，那么在与人打交道时，就会让人感到信任，成功的机会也就随之增大。手表不同于服装，同时手表可以体现出男士的独特品位，为魅力加分。

所以男士在手表的选择上，应选择朴素大方有质感的手表，避免运动型手表以及电子式样的手表，以及看似廉价的伪劣金质表带。一般来说，用一年年薪的一半来买一只手表是比较合适的。

第四节　化妆

一、中国古代妆容与发展

俗话说"女为悦己者容，士为知己者死"，无论是哪个历史时期，无论人们的审美标准如何变化，拥有一张精致的面容都是女性的追求。"好"字的本义就是指面容姣好的女子。现在各式各样的化妆品充斥着市场，女生化妆很方便，那么古人又是怎样化妆的呢？她们的妆容又是怎样的呢？

（一）面妆

关于面妆，有以下几个重要的部分：

（1）花钿，是古时妇女脸上的一种花饰。以金、银制成花形，蔽于发上，是唐代比较流行的一种首饰。明代的宋应星在其《天工开物·玉》中也曾记载："凡玉器琢余碎，取入钿花用。"

（2）面靥，是施于面颊酒窝处的一种妆饰，也称妆靥。

妆靥起初并不是为了妆饰，而是宫廷生活中的一种特殊标记。当某个妃子例假来临，不能接受帝王临幸，即在脸上点上小点，称为点痣，女史见了，即不用列名，后来逐渐成为一种妆饰，而专门在嘴角边所点的，即是面靥。

（3）斜红，是古代一种特殊的面饰。梳妆时，在眉尾至鬓边用朱砂胭脂等物，以簪、钗、指甲、小指画上如新月般的钩状，后来又有将之画成朝霞余韵之貌，看似血痕未干。

关于斜红妆的来历还有一个小故事。相传三国时，魏文帝曹丕宫中新添了一名宫女，叫薛夜来（原名薛灵芸），文帝对她十分宠爱。一天夜里，文帝在灯下读书，四周围以水晶制成屏风。薛夜来走近文帝，不觉一头撞上屏风，顿时鲜血直流，伤处如朝霞将散，愈后仍留下两道疤痕，但文帝对她宠爱如昔。其他宫女有见及此，也模仿起薛夜来的样子，用胭脂在脸部画上这种血痕，名晓霞妆、朝霞妆或散霞。时间一长，便演变成一种特殊的妆式——斜红。

（二）眉妆

女性化妆时，非常重视眉毛的修饰，眉妆可以带出面部的美感。眉毛造形变化极为讲究，例如《诗经》称赞美女就是："手如柔荑，肤如凝脂，领如蝤蛴，齿如瓠犀，螓首蛾眉"。

（三）唇妆

中国自古便以唇小为美，即所谓的"樱桃樊素口，杨柳小蛮腰"。早期唇脂的主要原料是"丹"，即朱砂。并不断改进朱砂配料，加入多种辅料如香料等，以达到色香味俱全的效果。除朱砂外，还有用胭脂代替口脂者。胭脂是一种红色面脂，古代又称其为"燕支""烟支""焉支""胭脂"等。

古代胭脂一般被加工成干的薄片状，使用时蘸点水就可以在脸颊和嘴唇上涂抹，这种是最常见的。还有一种，是用胭脂盒子盛好的膏状物质，使用的时候挑出来一点晕开就好，不必过水。一直到魏晋南北朝时期，唇脂均为糊状。

但进入隋唐以后，口脂还被加工成固体。唐人元稹《莺莺传》一书中描写张生送给崔莺莺的礼物中有"口脂五寸"，说明当时唇脂已被制成管状。

二、现代社会中化妆的重要性及基础技巧

化妆，无论在中国传统文化、东方习俗和西方礼仪里都是对他人尊重的表现。淡妆是最基本的礼仪，对他人表示基本的礼貌和尊重。

化妆不是改变和遮掩，真实而自然的妆容可以让一个女生更加有神、更加鲜明、更具独特的气质。每个人都是独立的个体，通过化妆，突出自身的或清秀、或妩媚、或素雅、或高贵、或华丽的特点，从而给他人留下深刻的印象。化妆是对别人和社会的尊重，同时也是自爱的初级礼仪表现。

以下是化妆过程中的一些技巧。

（一）清洁护肤

上妆之前，一定要做好皮肤的清洁工作，一定要用温水加洗面奶来彻底清洁肌肤，之后擦上爽肤水和乳液，最好加上隔离霜。这是上妆前的基础环节。

（二）肤色打底

应根据自己的肤色和想要打造的妆容风格来选择 BB 霜和粉底液等。许多女孩使用粉底时最大的毛病是希望自己越白越好，因此往往选择比她们的肤色浅很多的粉底，以为这样，可以让她们的皮肤显得白嫩。事实上这会使肤色看上去很不自然，好像戴了假面具一样。应选用和你的脖子肤色相近的颜色，或者比脸部肤色深一号的颜色。

在全脸大面积点涂 BB 霜或粉底液，然后用掌心或上妆棉按压全脸，使其涂抹均匀。并且用眼部专业遮瑕膏在眼睛下方轻轻点上，用弹钢琴的指法将遮瑕膏拍打到无痕。

（三）眉妆

眉毛是整张脸部妆容的点睛之笔，所以在描画时非常关键，好的眉毛可以修饰脸型并且让眼睛更加有神采。

眉形要根据脸型来设计。圆形脸，适合长扬的眉形，使脸部相应的拉长。眉毛可以描画出眉峰来。眉峰如果在眉中的话，会是眉形显得太圆，所以眉峰的位置可以是靠外侧 1/3 处，眉峰形状不要太锐利，这样会和脸型差异太大，画出的眉形略微有上扬感即可。眉间距可以近一些，眉形不宜太长。方形脸，适合短眉型。可以是略微上扬的，不可以太细太短，眉间距不要过窄，在眉毛 1/2 处起眉峰，眉峰圆润、眉头略粗即可。长形脸，适合长眉形。画上扬眉会使脸型显得更长，描平眉会使脸型显得短一些。眉型可以是粗粗的、方方的卧蚕眉，这样会使眉毛在眼上显得有分量。在眉毛 2/3 处起眉峰，眉峰应平一些，眉间距可略宽。三角形脸（由字形脸），适合长形眉，不适合描画有角度的眉形。眉形要大方，小气的眉毛会更加强调下半部分宽大的分量。眉毛不宜太粗，眉间距不要太窄。在眉毛 2/3 处起眉峰，眉头略粗。逆三角脸型（甲字形脸型），适合描画较为柔和、稍粗的平眉，这样可以使额头显得窄一些，以缩短脸的长度。眉形要有一些曲线感，可略细一些，不要太粗厚，眉间距不宜太宽。在 1/2 处起眉峰，细一些，眉形不宜太长，眉峰要圆润。菱形脸（申

字型脸），适合长眉形。眉形应该显得轻松自然。在眉毛 1/2 略外一点处起眉峰，眉峰的角度要圆润、柔和。

在打造眉妆时，建议初学者使用眉粉，先将其在手心调均匀，再画眉毛就会很自然。如使用眉笔来画眉，则一定要使用眉刷，眉头一定要浅，否则会画出"毛毛虫"之感。

（四）眼妆

1. 眼线

想让眼睛看上去大而有神，描画眼线是必不可少的环节之一。但是，很多初学者都抱怨说眼线难画，无法描出漂亮的眼线。的确，眼线的好坏会影响到整个妆容的质量。眼线笔易上妆但也容易花妆，眼线液不易掌握但不容易花妆，建议初学者先用眼线液来学习画眼线。

上眼线要先从眼头部分画起，贴着睫毛根部一直画到眼角，顺着眼形平拉，线条由细到粗，特别是外眼角与下眼线相接的地方，要大胆地加粗眼线，重点是眼尾部分最好向上拉提 0.2 厘米做出上扬弧度，下眼皮斜上延伸就是最佳的眼线长度，这样能够让眼睛看起来更大一些，而且有神、不下垂。画的时候眼睛尽量向下看，这样能够把上眼皮舒展开，让眼线充分地填充睫毛根部，防止留下难看的空隙。

2. 眼影

画好眼妆的主要标志就是画好眼影，这也是区别妆型的主要部分，在打眼影时，用小号眼影刷蘸取浅米色眼影涂抹在下眼睑，形成卧蚕的清新感也是很重要的一步。下面介绍几种常用的眼影画法。

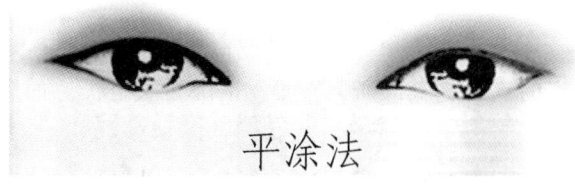

平涂法

（1）平涂法。平涂法就是将单色眼影均匀地涂抹在眼睑上的化妆手法。浅色平涂可使人显得很单纯、年轻；深色平涂可使人显得直率、时尚。选用平涂法画眼影时，应由眼睫毛根部开始描画。为了提升眼妆的层次感，让双眼更具神采，眼睫毛根部的眼影可描画得更浓一些，色彩略深一些，然后逐渐向上减淡色彩，直至眼影色消失在眼窝里。小面积晕染睫毛根部的眼影可让整体眼妆的色彩过渡自然。眉骨处的亮色处理可以提升双眼皮的立体感，同时与上眼影形成衔接。

渐层法

（2）渐层法。渐层法画出来的眼影层次过渡明显，在色彩的表达上也比较丰富。这种画法能够起到消除眼皮浮肿感，拉宽眉眼间距作用。例如：职业妆，新娘妆等。选用渐层法画眼影时，应先选用浅色眼影，用平涂的手法将其平铺于整个眼睑，使色彩均匀自然。然后选用深色眼影从睫毛根部开始以三等分的方式描画眼影，即将自眼线到眼窝的部分划分为三等分，最靠近眼线处的眼影色最深，逐渐向上颜色减淡。注意各层级色彩之间不能有明显的分界线，色彩过渡要自然。如果在描画眼影的过程中需要加深眼影色，同样要用三等分的方式描画眼影，但各等份处眼影描画的面积由浅到深逐渐缩小。一般在用渐层晕染法画眼影时，眼影色不宜超过三种颜色。

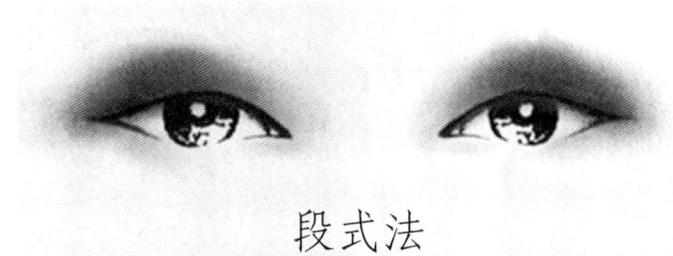

（3）段式法。此种眼影画法可表现出跳跃的颜色，明快的节奏，与渐层法相比更丰富一些。段式眼影的画法因描画眼影时分段着色而得名，可分为两段式和三段式两种。两段式眼影的画法及着色原则是后眼影颜色较深，前段式眼影较浅；三段式眼影的原则是前、后段眼影较深，中段最浅。运用段式手法可以描画出节奏明快、色彩跳跃感较强的眼影。以段式法表现眼影时，若均匀使用高明度的色彩，可令眼神清澈明亮，若前后色彩对比强，会突出华丽的妆容效果。

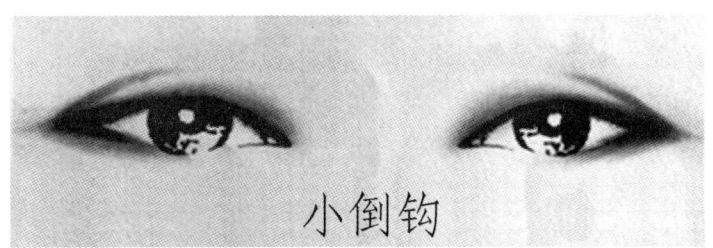

（4）小倒钩。小倒钩式眼影画法是指选用较深色眼影顺着双眼睑的折痕线从眼尾向眼头晕染，颜色由深到浅晕染至眼睑 1/3 或 2/3 的位置时眼影色消失。在描画过程中需要注意的是眼影晕染的面积不可过大，双眼睑折痕下方可留出明显的分界线，但上方一定要晕染开。

3. 睫毛

首先用睫毛夹将眼部上下两边的睫毛夹翘，上睫毛往上翘，下睫毛向下。然后用睫毛膏的睫毛刷刷上睫毛，从根部向上，要适量，不能图多，根根分明即可。

选择细毛刷来刷下睫毛，记住要用细而密的睫毛刷，从根部向下，涂刷均匀，呈现黑色即可，要根根分明，不能太浓密而抢势，影响整个眼部的自然感。再用细毛刷整理一下上睫毛，使其显得更翘，更均匀美观些。最后用睫毛梳将粘在一起的睫毛梳开即可。

（五）唇妆

唇妆要根据嘴唇的形状来设计，不同的唇形有不同的唇妆技巧。

大嘴的唇形由于嘴唇过大，会让人产生笨拙的感觉，会让五官显得不协调。对于这类唇形，唇妆技巧是先使用遮瑕霜把嘴唇的边缘和唇表面做遮盖，并且用蜜粉固定，在对唇线进行描画的时候，要把它的整体轮廓向内收缩，让双唇变薄变窄。

跟大嘴唇形相反，小嘴唇形需要把双唇的轮廓线进行向外的延伸，增大唇形。在唇膏颜色方面，选浅色系或者是亮光的唇膏，增加唇部的立体感觉。

薄唇唇形总是给人刻薄的感觉，对于这类唇形，唇妆技巧是先用唇线笔对嘴唇的轮廓进行扩展，让上唇的唇峰更加圆润，把下唇增厚。接着涂上偏暖色系的唇膏，还有唇彩，让唇彩丰盈双唇。

嘴唇过厚的话，可以先用遮瑕产品遮住唇色，然后选择最接近唇色的唇线笔画唇线，唇线要画在原有的嘴唇轮廓以内，然后涂抹口红，涂抹时使用唇刷从嘴角往中间开始涂，嘴角两边要加深颜色，这样在视觉上会缩小唇部。

突嘴的唇形由于嘴唇的突出，会让唇部跟脸部五官感觉不和谐。对于这类唇形，唇妆技巧是先借助唇线笔，画出让嘴角向外延伸的唇线，嘴唇中间部分的上下轮廓线要尽量画直一点。通过这样的方法对过于突出的唇形进行修饰，唇膏的颜色方面，最好是选择使用冷色系的唇膏，这样能够在视觉上起到一定的收敛唇形的作用。

（六）高光侧影与腮红

不少女性都以为，打高光是那些彩妆达人才会施展的复杂技巧。其实不然。所谓的高光化妆并不是人为制造面部的光晕，而是通过突出高光区域来增强妆容的立体感。宛如施展光影的魔法，局部高光不仅可以提亮肤色，让肌肤看起来容光焕发，仿佛陶瓷般细致净白，更可以让平凡的五官凸显出引人注目的立体感。虽然每个人的脸型各不相同，但高光区域却十分相似。

高光建议用比自己肤色浅一号的粉底液来打，侧影要用比自己肤色深一号的粉饼来打。

如果想要一个好的气色，腮红是必不可少的。不同的颜色有不同的效果，腮红颜色主要有可爱的粉色和酷感的橘色。可每种腮红的色系都会由于偏粉或偏橘棕而产生不同的妆容效果。如橘色腮红，如果是偏橘，或者是偏棕色系的便会变得休闲和有个性。但偏粉红的则看起来较可爱。不同脸型腮红化妆技巧是不同的。

蛋形脸，脸形有如蛋状的椭圆形曲线，蛋形脸在画腮红时所采取的画法，应该将腮红由颧骨上方，顺着颧骨的曲线，向脸中央刷。

圆脸，圆形的脸蛋，在画腮红时应用直线条来增加脸部的修长感，将腮红以斜线的画法，由颧骨往脸中央刷，可以创造脸部的角度。

方形脸，整个脸呈现四四方方的角度，所以在腮红的使用上，必须以圆线条来增加脸部的柔和感，将腮红以画圆的方式，由颧骨往鼻子的方向刷。

(七)定妆与卸妆

在整个妆容完成后建议用散粉或是定妆粉来定妆。同时卸妆的过程也是非常重要的,一定要用卸妆水来卸妆,不然残留的彩妆会使得皮肤变暗、变差、长痘等。

三、化妆应注意的几个问题

(1)化妆要自然协调,不留痕迹。无论什么妆,切忌厚厚地抹上一层。

(2)职场女性在工作岗位上应当化淡妆,目的在于不过分地突出职场女性的性别特征,不过分引人注目。如果一位职场女性在工作场合妆化得过于浓艳,往往会给人过分招摇和艳俗的感觉。女士画工装时要求使用相应的化妆品略施粉黛、淡扫蛾眉、轻点红唇,恰到好处地强化可以充分展现女性光彩与魅力的面颊、眉眼与唇部。

(3)避免当众化妆或补妆。女士要补妆最好去专门的化妆间或卫生间,不要在公共场合或是当着异性的面,为自己化妆或补妆。

(4)不要借用他人的化妆品。众所周知,借用他人的化妆品是很不卫生的,同时这本身也是失礼的行为。

(5)尽量不要出现妆面残缺的现象。用餐之后、饮水之后、休息之后、出汗之后、沐浴之后,一定要及时地为自己补妆。要是妆面深浅不一、残缺不堪,必然会给他人留下不好的印象。

(6)要正确挑选和使用适合自己的香水。一般来说要选择清新淡雅的香水,不要选择气味浓烈刺鼻的香水。不要在头发上喷抹香水,因为夏天头发容易沾染汗水和灰尘,从而影响香水的挥发。一般香水分为沾抹与喷洒两种,但是无论哪种香水,都应先将香水喷抹在手腕上,再移往另一只手腕,等手腕上温热后,再从手腕移至耳后,然后擦在耳下颈动脉及其他脉搏跳动处、手肘、膝盖内侧等处,涂抹用无名指在各个地方按压两次即可。另外,由于香水经紫外线照射会产生斑痕,故在直接接触阳光的地方不要涂抹香水。忌用两个手腕互相摩擦,这样会破坏香水分子,影响香水的原味。

第六章　语言礼仪与非语言礼仪

引言　小如的烦恼

　　小如在上大学之前没有集体生活的经验，一切都是由她的父母料理。小如的学习成绩很好，老师喜欢，父母也高兴。可是上大学之后这些优势都不复存在了，在学习和生活的压力下，小如感到自己处处不如别人，尤其是与能说会道的同寝室的三个上海同学相比，她不知道怎样与人聊天、交流，小如感到很孤独、很寂寞，觉得自己万分痛苦。

　　问题就在于小如这种不与人沟通的性格。她起码应该掌握日常生活中的沟通技巧，这对保持良好的人际关系是至关重要的。其实对于刚走进大学校门的同学们来说，或多或少都会遇到类似的烦恼。大学生活与高中生活不同，因为有高考的压力，高中生活主要以学习文化课知识为主，紧张的学习节奏让同学们没有太多的时间进行交流。大学生活较之于以前的高中生活，人际交往与人际关系变得尤为重要。而人际沟通又是通过语言和非语言的形式来实现的，可见语言礼仪与非语言礼仪在人际交往中扮演着非常重要的角色。

第一节　语言礼仪

　　《论语·子路篇》有言："一言兴邦，一言丧邦。"《管子·霸言》中也曾言："夫一言而寿国，不听而亡国。若此者大圣之言也。""一言寿国"，即"以极少的言语可使国家的寿命延长"。这些古代典籍中的言语乍一听有些危言耸听：只是一句话而已，哪就有这么厉害的作用。可若是细想，尤其是联系历史上真实发生的事例来思考，这些说法其实也并非危言耸听，反倒有很多深刻的道理蕴含其中。

　　在悠悠历史的长河中，"一言兴邦，一言丧邦"的事例有很多，其中管仲的"一言兴邦，不听则亡国"的真实事例可谓是其中的代表。

　　公元前645年，为齐桓公创立霸业的管仲患了重病，将不久于人世。齐桓公亲自前去探望他，并询问他谁可以代替他继承齐国相位。齐桓公询问管仲鲍叔牙可否为相，管仲诚恳地说："鲍叔牙是君子，但他善恶过于分明，不懂圆滑变通，这样的人是不可以为政的。"齐桓公又问易牙怎么样，管仲说："易牙不惜烹了自己的亲生儿子来讨好您，他连自己的亲生孩子都能下手，没有人性，难保日后不会这样对您。"齐桓公又问开方如何，管仲答道："卫公子开方舍弃了做千乘之国太子的机会，屈奉于您十五年，期间他父亲去世都不回去奔丧，如此无情无义，没有父子情谊的人，如何能真心忠于您，忠于齐国呢？况且千乘之封地是人人都梦寐以求的，他放弃千乘之封地，屈就于国君，那么他心中所求的必定过于千乘之封。国君应疏远这种人，更不能任其为相了。"齐桓公又问竖刁怎样，齐桓公认为竖刁宁愿自残身肢来侍奉自己，这样的人必然就是忠心的。管仲摇摇头，说："人必先爱己，后爱人，这是人之天性，一个人如果连自己的身体都不爱惜，这样的人又怎么能真心忠于您呢？请您务必疏远这三个人，宠信他们，国家必乱。"

不久管仲病逝。齐桓公不听管仲病榻前的忠言，重用了易牙等三人。两年后，齐桓公病重。易牙、竖刁见齐桓公已不久于人世，就开始犯上作乱，堵塞宫门，假传君命，不许任何人进去。竟将齐桓公活活饿死了。齐桓公临死前懊悔地说："如死者有知，寡人有何面目去见仲父？"桓公死后，宫中大乱，齐桓公的几位公子为争夺王位各自勾结党羽，互相残杀，致使齐桓公的尸体停放在床上六七十天而无人收殓，尸体腐烂生蛆，惨不忍睹。经过这场内乱，齐国的霸业开始衰落。中原霸业逐渐移到了晋国。

可见"一言可兴国，一言可丧邦"并非天方夜谭，假如当时齐桓公听从了管仲的良言，一代霸主又怎会落得如此结局。

一、语言的重要性

语言是文化的一个重要组成部分，甚至可以说没有语言就没有文化，只有通过语言才能把文化一代代传下去。如果没有语言的交流，也就没有一个民族乃至一个国家的进步与发展。

语言是人与人交流中不可缺少的重要工具。我们的衣食住行，没有一样离得开语言的沟通与表达。流传青史的诸葛亮曾经在赤壁之战中说过："三寸之舌，强于百万之兵。"从而可以见得语言表达的重要性。

在社会上与人交流时，语言会给人留下第一印象，所以学会说话就成了生活中不可缺少的一部分，生活离不开语言，比如：同学们从学校毕业后，都将面临找工作的问题，而在找工作中，最重要的一关就是面试，而面试本身就是一个语言交流的过程，能否最终获取胜利就看要如何来组织语言了。

语言是保持生活方式的一个重要手段。它是为了生活的需要而产生的。语言的交流可以让我们赢得良好的人际关系，可以让我们得到别人的理解与认可。不论时代发展得多快，人与之间的交流永远都是最重要的。

二、交谈礼仪

交谈，是人际交往的主要手段。强化语言方面的修养，学习、掌握并运用好交谈的礼仪，是至关重要的。

交谈是一门古老的艺术。"一人之辩重于九鼎之宝，三寸之舌强于百万之师。"在人类发展史上，交谈作为一种社会现象，是和人类劳动、生活、交际活动一起发展起来的。交谈的艺术性体现在：尽管人人都会，然而效果却大不一样。所谓"酒逢知己千杯少，话不投机半句多"，正说明了交谈的优劣直接决定着交谈的效果。

交谈是建立良好人际关系的重要途径，是连接人与人之间思想感情的桥梁，是增进友谊、加强团结的一种动力。"良言一句三冬暖，恶语伤人六月寒"，说明交谈在交往中的作用举足轻重。一个人善于交谈就能广交朋友，从而更快地获得成功。在现实生活中，经常有不少人因话不得体，伤害了亲友，得罪了同事，使自己变得"众叛亲离"，甚至还有些人因言语失误，从而结怨结仇，酿成生活悲剧。

（一）直面交谈

1. 介绍

在社交礼仪中，介绍是一个非常重要的环节，可以说，人际交往始于介绍。换言之，跟任何陌生人打交道，把介绍这个程序去掉了，恐怕就非常麻烦与尴尬了。

介绍可分为正式介绍和非正式介绍两种。

在较为正式、郑重的场合，有两条通行的介绍规则：其一是将年轻的人介绍给年长的人；其二是将男士介绍给女士。在介绍过程中先提某人的名字是对此人的一种敬意。举个例子，假如女方是你妻子，那你就先介绍对方，后介绍自己的妻子，这样才能不失礼节。如把一位年轻的女士介绍给一位男性长辈，则不论性别，均应将年轻人介绍给长辈。在介绍时，最好是姓名并提，还可附加一些简短的说明，如职称、职务、爱好等。

如果是在一般的、非正式的场合，又都是同龄的年轻人的话则不必拘泥于礼节，应以自然、轻松、愉快为宗旨。介绍人先说一句"我来介绍一下"，然后即作简单的介绍，在介绍时加上"这位是""这就是"之类的话语以加强语气，会使被介绍人感到亲切和自然。

通常情况下，人们一般都不习惯主动地自报姓名。如果基于某种原因想知道某人的名字时，最好是先找个第三者问一下，无论如何不要莽撞问人家："你叫什么名？"这样显得十分唐突。如果万不得已也应该说得婉转一点，如："对不起，不知该怎么称呼您。"这也是建立新的社会关系的良好开端。

2. 握手

（1）握手礼仪的来源。

关于握手礼来源的一种说法是：史前时期，原始人主要以打猎为生，其生存环境时刻充满着危险。因此，当陌生人相遇时，如果双方都怀着善意，便伸出一只手来，手心向前，向对方表示自己手中没有武器，待走近之后，两人互相摸摸右手，以示友好。这样的习惯沿袭下来，便发展成为今天人们表示友好的握手。

关于握手礼来源的另一种说法是：中世纪时，骑士们都穿着盔甲，除两只眼睛外，其余都包裹在盔甲里，随时准备冲向敌人。如果表示友好，互相走近时就便会脱去右手的甲胄，伸出右手，表示没有武器，互相握手，后来便发展成为今天的握手礼。

（2）握手的顺序。

主人、长辈、上司、女士主动伸出手，客人、晚辈、下属、男士再相迎握手。长辈与晚辈之间，长辈伸手后，晚辈才能伸手相握；上下级之间，上级伸手后，下级才能接握；主人与客人之间，主人宜主动伸手；男女之间，女士伸出手后，男士才能伸手相握；如果男士年长，是女士的父辈年龄，在一般的社交场合中仍以女性先伸手为主，除非男士已是祖辈年龄，或女士未满18周岁，则男士先伸手是适宜的。又如果是两对男女相遇，应先是女士与女士先握手，再由女士分别与男士握手，最后再是男士与男士握手。但是如果对方忽略了握手礼的先后次序而已经伸出了手，则应毫不迟疑地回握。

（3）握手时间和力度。

男士之间或女士之间行握手礼时，只要遵从一般规范即可，握手时间及握手的力度也都比较随便。但是男士与女士之间握手，或者与长者、贵宾握手，则要遵从相应的礼仪规范。

握手的力量、姿势与时间的长短往往能够表现握手人对对方的礼节与态度，应该根据不同的场合以及对方的年龄、性格、地位等因素适当调整。握手时间控制的一般原则可根据双方的熟悉程度灵活掌握。初次见面握手时间不宜过长，以三秒钟为宜。切忌握住异性的手久久不松开，与同性握手的时间也不宜过长。

握手时的力度要适当，可握得稍紧些，以示热情，但不可太用力。男士握女士的手时应轻一些，且不宜握满全手，只握其手指部位是比较礼貌的。如果在握手时对方的手与自己的手紧紧相握，自身最好也应报以相同的力度，这是对他人的尊重。

握手时除了注视对方和面带微笑外，还应注意应由老人、上级先伸手，如果晚辈、下级过于主动就显得不礼貌。

握手时身体稍往前倾，不能挺胸昂头。当老者伸手时，应急步趋前，用双手握住对方的手，以表示对长者的尊重。

（4）握手的一些禁忌。

不要用左手与人握手，这是不礼貌的行为，是不符合礼仪的。

不要在握手时戴着手套，这是对他人的极度不尊重。女士在社交场合戴着薄纱手套除外。

不要在与他人握手时另外一只手仍插在衣袋里。

握手时间要短，不能在握手时"长篇大论"。

在握手时，不能仅仅握住对方的手指尖，好像有意与对方保持距离。正确的做法，是要握住整个手掌。异性间的握手，男士要握住女士的手指部位，也不能仅握指尖。

不要在握手时把对方的手拉过来、推过去，或者上下左右不停地抖动。

不要拒绝和别人握手，即使有手疾或汗湿等情况，也要和对方说明，以免造成不必要的误会。

3. 称呼

中国号称文明古国，世人誉之为礼仪之邦、君子之国，即使是在唇枪舌剑的论战中，我们的先人也同样讲究语言美。《礼记·仪礼》记载道："言语之美，穆穆皇皇。"就是说，对人说话要尊敬、和气、谈吐文雅。人际交往，礼貌当先；与人交谈，称谓当先。恰当地使用称谓，是社交活动中的一种基本礼貌。正确恰当的称呼会使交谈者感情融洽，从而缩短彼此距离。正确地掌握和运用称谓，是人际交往中不可缺少的礼仪因素。

在面对面的交谈中也是有礼节的。有些人的有些观念是错误的，比如以为只要对方知道自己是在对他说话就没有必要称呼他了。其实，懂礼貌的人经常会单单为了表示尊重而称呼交谈者。比如，有很多学生在给老师打电话时，没有称呼"老师"就直接说事情，这是对老师的不尊重。另外，在上学路上或是校园里看到老师也要叫一声"老师"，放学回家后看到父亲了就要叫一声"爸爸"，这在礼仪上都是很有必要的。哪怕是叫过后什么话也不说，被称呼人也会领会到这是对他们的尊重。

常用于社会人际交往中的称呼形式有三种，分别是姓名称谓、职务称谓和性别称谓。

姓名称谓是使用比较普遍的一种称呼形式。名字称谓，即省去姓氏，只呼其名字，这样称呼显得既礼貌又亲切，运用场合比较广泛。但如果是异性之间，男女双方的名字又都是单字，则不适合只称名，要加上姓，否则显得太过亲昵，当然情侣之间除外。在学校、单位等正式场合时，要用全姓名称谓，这种称谓较为正式与庄重。

职务称谓就是用所担任的职务作称呼。这种称谓方式，古已有之，目的是为了表示尊敬，如对杜甫的称谓，因他当过工部员外郎而被称"杜工部"。现在人们用职务称谓的现象已相当普遍，也是为了表示对对方的尊敬和礼貌。职务称谓主要有三种形式：用职务称呼，如"李局长""张科长""刘经理""赵院长""李书记"等；用专业技术职务称呼，如"李教授""张工程师""刘医师"，对工程师或总工程师还可称"张工""刘总"等；职业尊称，即用其从事的职业工作当作称谓，如"李老师""赵大夫""刘会计"，不少行业可以用"师傅"相称。

性别称谓一般约定俗成地按性别的不同分别称呼女性未婚者称"小姐"，已婚者或不明其婚否称"女士"。男性叫"先生""男士"。不分男女叫同志，其实也是一种泛尊称的用法。

4. 礼貌用语

俗话说："良言一句三冬暖，恶语伤人六月寒。"礼貌用语就属于良言之列。礼貌用语在我们日常生活的方方面面都起着非常重要的作用。

（1）生活用语。

见面语有"早上好""下午好""晚上好""您好""很高兴认识您""请多指教""请多关照"等。

感谢语有"谢谢""劳驾了""让您费心了""实在过意不去""拜托了""麻烦您""感谢您的帮助"等。

打扰对方或向对方致歉有"对不起""不好意思""很抱歉""请稍等""麻烦您了""请多包涵"等。

接受对方致谢致歉有"别客气""不客气""不用谢""没关系"等。

告别语有"再见""慢走""一路顺风"等。

（2）敬语。

拜望——意为探望。

拜服——意为佩服。

呈正——把自己的作品送请别人批评改正。

赐教——给予指教。

奉告——意为告诉。

奉还——意为归还。

奉陪——意为陪伴。

贵庚——询问对方年龄。

贵姓——询问对方姓名。

惠存——请保存。多用于送人相片、书籍等纪念品时。

惠顾——指对方到自己这里来。多用于商家对顾客。

华翰——尊称别人的书信。

华诞——尊称别人的生辰。

恭候——恭敬地等候。

光临——宾客来到。

千金——称别人的女儿。

驾临——指对方到来。

（3）谦语。

敢——表示冒昧地请求别人。

错爱——表示感谢对方的爱护。

斗胆——形容大胆。

痴长——用于年纪较大的人，说自己白白地比对方大若干岁。

不才——自我谦称。

拙——多谦称自己的文章、见解等。

才疏学浅——意为学而不广，学而不深。

过奖——对方过分地表扬或夸奖。

不敢当——表示承担不了。

（二）电话交谈

电话已经发展成为现代生活中最常见的通信工具，在日常生活中承担了人们大部分的交流。在校园中，很多学生给老师打电话时，没有称谓语而直接询问事情，这是非常不礼貌的行为。我们往往能通过电话粗略地判断对方的人品、性格。因而，掌握正确的、礼貌待人的打电话礼仪是非常必要的。

1. 打电话礼仪

在给他人打电话时要注意以下四点：

（1）要选好时间。

打电话时，如非重要事情，尽量避开受话人休息、用餐的时间，而且最好别在法定节假日打扰对方。

（2）要掌握通话时间。

打电话前，最好先想好要讲的内容，以便节约他人时间，不要现想现说。

（3）要态度友好。

在与他人通话时，语气要平稳、温和，不要大喊大叫。

（4）要用语规范。

通话之初，应先做自我介绍，这是最基本的礼貌。请受话人找人或代转时，应说"劳驾"或"麻烦您"。

2. 接电话礼仪

打电话有打电话的礼仪，接电话同样也有接电话的礼仪，在接电话时要注意以下五点。

（1）及时接电话。

一般来说，如果大学毕业进入社会工作，在办公室里，电话铃响三遍之前就应接听，六遍后接听就应道歉："对不起，让你久等了。"如果受话人正在做一件要紧的事情不能及时接听，代接的人应代为解释。如果既不及时接电话，又不道歉，甚至极不耐烦，就是极不礼貌的行为。尽快接听电话会给对方留下好印象，让对方觉得自己受到尊重。

（2）确认对方。

对方打来电话，一般会自己主动介绍。如果没有介绍，就应该主动问"请问你是哪位"等话语。但是，人们习惯的做法是，拿起电话听筒盘问一句："喂！哪位？"这在对方听来，陌生而疏远，缺少人情味。接到对方打来的电话，接听人拿起电话应首先自我介绍："你好！我是某某某。"这也是对来电者的礼貌。

（3）讲究艺术。

接电话也是一门艺术，在接听电话时，应注意使嘴和话筒保持一定的距离，不要太近也不要太远，四厘米左右是较为合适的距离；接听期间要把耳朵贴近话筒，仔细倾听对方的讲话。最后，应让对方先结束电话，然后再轻轻把话筒放好。不可"啪——"得一下扔回原处，这是极不礼貌的行为。

（4）调整心态。

当拿起电话听筒的时候，一定要面带笑容。不要以为笑容只能表现在脸上，它也会藏在声音里。亲切、温情的声音会使对方马上对我们产生良好的印象。如果绷着脸，声音也会变得冷冰冰的。

（5）左手接听电话。

在接听电话时，最好用左手来接听电话，腾出右手来准备纸笔，以备随时记录有用信息。

第二节　非语言礼仪

日常生活中，语言和文字是帮助人们交流沟通的两大工具。当面交谈或是打电话等交流沟通大多是用语言来完成的。但如果是需要通过名片、网络（如邮件、微信、QQ、信件、贺卡等）来进行人际交往沟通的话，就需要用到文字。本节主要将非语言礼仪总结为名片礼仪与网络礼仪两大部分。

一、名片礼仪

名片，在现代社会是主要标示姓名及其所属组织、公司单位和联系方式的纸片。名片是新朋友互相认识、自我介绍的最快、最有效的方法。交换名片是社会交往的第一个标准官式动作。

（一）名片的演变

名片始于封建社会。战国时期，各国战争不断，当时的生产力比之周代时已有了很大的提高。秦始皇嬴政统一中国后，开始了一系列伟大的改革，咸阳成了全国的中心，分封的各路诸侯王每隔一段时间就要进京述职，于是开始出现了名片的雏形，称"谒"。所谓"谒"就是拜访者把名字和其他介绍文字写在竹片或木片上（因为当时纸张还没发明），作为给被拜访者的见面介绍文书，也就是现在名片的最早雏形。

西汉时沿袭秦朝叫法，依然称"名片"为"谒"。《释名·释书契》中有相应的记载："谒，诣告也。书其姓名于上以告所至诣者也。"东汉时，谒又叫名刺，在挖掘的汉墓中发现，这种谒或名刺，系木简，长22.5厘米，宽7厘米。上有执名刺者名字，还有籍贯，与今名片大抵相似。

至唐代，木简名刺改为名纸。唐代长安新科进士以红笺名纸互换，以便交流。晚唐又唤作门状、门启，都是自报家门的一种联络方式。宋代的名纸还留有主人的手迹，据南宋张世南在《游宦纪闻》中记述，他藏有黄庭坚书写的名纸。北京故宫博物院还藏有北宋书法家蔡襄的《门屏帖》，据陆游在《老学庵笔记》考证，类似"名刺"。

到了明代，统治者沿袭了唐宋的科举制度，并使之平民化，读书便成了普通寒门士子改变生活的唯一出路，因此识字的人也随之大量增加。人们交往的机会增加了，学生见老师，小官见大官都要先递上介绍自己的"名帖"，即唐宋时的"门状"。明代的"名帖"为长方形，一般长七寸、宽三寸，递帖人的名字要写满整个帖面。如递帖给长者或上司，"名帖"上所书名字要大，"名帖"上名字大表示谦恭，"名帖"上名字小会被视为狂傲。

到了清代才正式有了"名片"的称呼。清朝是中国封建社会的终结，由于西方的不断入侵，与外界交往增加了，和国外的通商也加快了名片普及。清朝的名片，开始向小型化发展。

(二) 名片的设计要素

名片设计的基本要求应强调三个字：简、功、易。

简：名片传递的主要信息要简明清楚，构图完整明确。

功：注意质量、功效，尽可能使传递的信息明确。

易：便于记忆，易于识别。

在名片的设计中，少不了构成要素。所谓构成要素是指构成名片的各种素材，一般是指标志、图案、文案（名片持有人姓名、通信地址、通讯方式）等。

(三) 名片的构成要素

1. 属于造型的构成要素

（1）名片上应有标志（用图案或文字造型设计并注册的商标或标志）。

（2）名片上应有图案（由名片特有的色块构成）。

（3）名片上应有轮廓（图案的具体设计）。

2. 属于方案的构成要素

（1）名片上应有持有人的姓名及职务。

（2）名片上应有持有人的单位及地址。

（3）名片上应有持有人的通讯方式。

（4）名片上应有持有人的业务领域。

(四) 递送名片的顺序

递送名片时，地位低的人先向地位高的人递名片，男士先向女士递名片。当对方不止一人时，应先将名片递给职务高者或年长者；若是分不清职务高低、年龄大小，宜先和自己对面或左侧的人交换名片，然后按以上顺序进行交换。

(五) 正确递收名片

递送名片时要用双手，同时要看一下名片正反两面是否干净。而在递送过程中，应面带微笑，注视对方。名片的位置是正面朝上，并以让对方能顺着读出内容的方向递送。如果递送者正坐在座位上，应当起立或欠身递送，递送时可以说一些"我叫某某，这是我的名片"或是"我的名片，请您收下"之类的较为客气的话语。此外，若自己的名字中有难读的、较为生僻的字，在递送名片时应当加以说明；相反地，接到别人的名片时，如果有不会读的字，也应当场请教。

在接受名片时，除特殊情况外（比如身有残疾等），无论男性或女性，都应尽可能起身或欠身，面带微笑，用双手接过名片，并要对递名片者表示感谢，这是对他人的尊重。名片接到手后，应认真阅读后放进口袋或皮包内，或是专用的名片收纳包里，切不可在手里摆弄，或直接插进裤子口袋。如果交换名片后需要坐下来交谈，此时应将名片放在桌子上最显眼的位置，十几分钟后自然地放进皮夹。切忌用别的物品压住名片或直接在他人的名片上做笔记。在接收名片后，最好也应该给对方递上自己的名片，如果自己没有名片或没带名片，应当对对方表示歉意并如实说明理由。

二、网络礼仪

随着信息时代的发展，邮件、微博、微信、qq等社交软件影响着我们生活中的方方面面。我们在利用网络来进行社交时也必须遵守约定俗成的网络礼仪。

如用网络方式向老师、上级等请教问题时，应假设自己在当面汇报或询问，这时应注意要加上称谓，注意选句措辞，不要出现网络流行语，应用正式的书面语来进行交谈。

如用于日常朋友之间的联络，则可随意一些。但也要注意网上沟通的道德规范和文明礼仪。网络礼仪要遵循彼此尊重、文明讲理、宽以待人、保持平静、与人分享、尊重他人隐私的原则。同时也要注意对自己信息的保护，不随意公开自己的真实信息，需要恰当地编写自己的信息档案。

第七章 求职交际礼仪

引言 被忽视的"白纸"

小杜大学毕业后到一家企业面试。那天应聘的人很多,其中不乏各类名牌高校的毕业生。按学历来说,小杜并不是十分占优势。轮到小杜时,他真的没什么底气。当他推门进入到接见室,不经意地看到办公桌的地上有一张白纸。他随后将纸捡起来,扔到了墙角的垃圾桶里。之后,面试的主考官只问了他几个简单的问题,就让他回去等候消息。小杜从来没遇到过这么容易的面试,心想多半第一印象已经不好,对方只是出于礼貌问两句,这份工作看来是竞争不上了。可一个星期后,出人意料地,他接到了聘用通知。原因是他拾起了那张许多人注意到了却没有捡起来的白纸。

求职面试,无疑是求职者人生的第二次高考,只是许多应聘者仅顾及大体形象,却忽略了一些小事细节,结果与用人单位擦肩而过。著名演员陈道明曾经说过这样一段话:"教养和文化是两回事,有的人很有文化,但是很没有教养,有的人没有什么太高的学历和学识,但仍然很有教养,很有分寸。教养是带有某种天生的素质和一点一滴的积累。"文凭学历在面试时固然重要,但在面试过程中一些小细节小事情却能反映出一个人的整体综合素质,同样不容忽视。此外,求职者形象风度、礼仪的运用在求职面试中也同样具有重要作用。

第一节 面试礼仪

在求职过程中,要想把握住更多的机会,就必须提升自己的综合素质。在知识面广、专业技术精通的基础上,还必须注重个人的修养,不仅要成为"高智商"的人,更要成为"高情商"的人。在日常的生活中要养成良好的习惯,以避免养成不好的习惯或是因为一些细节问题而影响自己的前程。心理学家奥里·欧文斯说过:"大多数人录用的是他们喜欢的人,而不是最能干的人。"西班牙的伊丽莎白女王也曾说过:"礼节及礼貌是一封通向四面八方的推荐信。"大学生毕业后要想顺利通过用人单位的面试,就必须要提高个人的修养,因而掌握一些必备的礼仪知识是十分必要的。

一、面试前的准备

俗话说"良好的开端是成功的一半",更所谓"知彼知己,百战不殆",面试前的准备工作起着至关重要的作用，甚至可以说，成与败在此一举。

面试前需对求职公司进行详细的了解。要了解它的基本运作，企业风气，在所处整个行业的情况，基本的组织架构等信息，如果面试的公司有公司网站的话，可以在它的企业网站上多浏览，多了解，这样求职者在面试的时候不至于对公司显得一无所知，也会给面试的主考官留下一个态度端正的态度，面试的成功率又会增加。

在面试前，求职者需要准备一份简历。简历不需多华丽，多张扬，但一定要中心突出，突出你的技能，扬长避短，描述要简洁明了，中心要突出，切记夸夸其谈、长篇大论。

面试前的穿着准备。求职者的仪容仪表就是给面试主考官的一个直观形象。一个人对他人第一印象的形成只需要七秒钟的时间，第一印象一旦形成很难再改变。只有给面试的主考官留下一个良好的自身形象，才可能在面试中脱颖而出进而被录取。也就是说，面试者的仪容仪表是吸引考官注意的重要环节。因此在面试时穿着应简洁大方、干净清爽，面试的行业不同，穿着也应不同，所以这就要求求职者在面试的时候，面试哪种职位，就要穿哪种职位类型的衣服。

面试前的心理准备。很多人在面试前都会紧张，一紧张就什么都忘了，所以求职者需要克服紧张情绪。以平常心对待，就把这次面试当成是朋友与朋友之间的谈话。成败不重要，重在参与，尽量不要把成败看得太重要。

二、面试中的礼仪

面试中的举止。一走进面试的办公室，就应直视面试人的眼睛，不要东张西望，挺直腰板坐在椅子上。不要显得坐立不安，不要拉扯头发或抖动双腿，或者随意做出任何有损于形象的举止。要做到态度端正，说话谦和、大方，尊重用人单位的面试人员，并且要面带笑容，精神饱满。

合理选择座位。面试既可能会在专用会客室或会议室里，也可能在面试人的办公室进行。在进入面试室后，遵照面试人的指示坐到相应座位上，如果主试人不指定座位，可选择主试人对面的座位，或询问主试人后坐到适宜的位置。坐的位置既不要离主试人过远，以免产生距离感，但也不要过近。

面试中的自我介绍。首先要有重点地进行自我推销，巧妙地在自己的特色与所应聘的工作岗位之间找到着力点、相关性，并将其突显出来。但在介绍时切忌不切实际地胡乱夸口，号称自己具有本不具有的能力，最好实事求是。另外还要注意自己的语音、语速，说话也要有条理，有逻辑性，能够让面试的主考官清晰地明白你的意思，知道你到底在说什么。此外，尽量用简明的语言来描述你自己，切忌长篇大论。说话的语调也不可太单一，最好在要说明重点内容时加重语调，这样更容易让人了解你要说的重点。

面试中的问题回答。求职者最好在考官问完问题之后，稍微思考几秒钟，脑子里有个大概的轮廓，然后开始回答问题，切忌不经过思考就开始回答。在回答问题的过程中，不仅嘴巴要动，脑子也要动，边回答边考虑下句要说什么。切忌冲动，如果每次考官刚说完问题或是问题都还没有问完，面试者就迫不及待地抢着回答，会显得不够稳重。如果面试官所问的问题你不会的话，不要不懂装懂，就大方地承认这个问题你不会，然后虚心地向面试官请教。能力可以不足，但态度一定要端正。

三、面试后的礼仪

很多求职者特别是应届毕业生只是准备了面试前和面试时的礼仪，而忽略了面试后的善后工作。其实面试后的礼仪能使用人单位加深对求职者的印象，从而扭转不利局势。

不宜过早打听面试结果。在一般情况下，考官组每天面试结束后，都会有一个讨论的过程，可能要等三天左右。求职者在这段时间内一定要耐心等候消息，不要过早打听面试结果。如果面试官承诺出录取结果的日期到了却没有通知求职者，这时应再去询问。

不要忘记对招聘人员表示感谢。面试后对招聘人员表示感谢能加深招聘人员对你的印象，也一定程度上体现了自己的素质。为了加深招聘人员对你的印象，增加求职成功的可能性，面试后两天内，求职者最好给招聘人员打个电话或发短信表示谢意。其中，感谢电话和感谢短信都要尽量简洁、简短。感谢短信应提及你的姓名及简单情况，另外要重申你对该公司、该职位的兴趣，最后表示自己能够胜任这份工作的信心等。

第二节　沟通交往礼仪

小杨是个标准的老实人，在公司里负责杂务，干些打印资料、送文件的活儿。

周末到了，公司的同事组团一起去爬山。临近中午，一位同事说要请大家吃饭，大家都欣然答应，一起向饭庄走去，可唯独小杨推三阻四地不肯去。有同事问他："你为什么不去呀？"小杨一本正经地回答说："吃人家的嘴软，我今天无故吃了他的饭，以后事事都会被牵制。"当时那位要请大家吃饭的同事就站在旁边，脸色白一阵红一阵，好不尴尬。

最后，在大家的拉扯下，小杨还是勉勉强强地跟着去了。令大伙没想到的是，吃完饭他竟然硬塞了50元钱给请客的同事。他的这一举动使同公司的同事都感到很不自在。同事们都说，他为人处世小心过了头，活得太累、太死板。

其实在职场中，同事之间相处应该多替他人着想，多为别人服务。但相应的，当其他人也给你真诚的帮助时，过分的礼让也是对人不尊敬的，因此切莫过分地故作礼让，应该大大方方地接受，人与人之间讲求的就是礼尚往来，并不是"一锤子买卖"。职场中与他人的沟通与交往也是一门大学问。

一、同事间的交往

一项人才市场的调查显示，在职场中五成以上的职场白领将同事列为竞争对手。有很多人认为跟同事交朋友会非常麻烦，但实际上，只要掌握了职场礼仪中与同事相处的礼仪，真诚地对待同事，和同事做朋友并不是一件难事。

尊重同事。尊重同事的生活习惯，尊重同事的处事方式。人都有友爱和受尊敬的欲望，对此，应"己所不欲，勿施于人"，不可勉强让他人接受自己的观点。如此同事之间才能相互融洽。

讲求协作精神。一件工作往往需要多方的协调才能做好，在办公室一定要与其他同事相互协作、互相支持共同完成工作。切不可时时事事都以自己为中心，不顾及他人感受。对年长的同事要多学多问，对比自己年轻的同事则要多帮助、多鼓励。这样才能建立一个团结、文明的办公环境。

闲谈莫论人非，静坐常思己过。况且俗话说得好"病从口入，祸从口出"，在和同事相处的过程中，要始终以此为准则。同事不是圣人，不是人人都是十全十美的，都会有或多或少的缺点。再加上每个人的生活环境不同，思维方式自然不同。如果同事之间多一些宽容和理解，同事关系也就不会那么难处了。

与同事保持适当距离。俗语说"君子之交淡如水"，有些同事是适合做朋友的，但有些同事之间却因为工作利益问题是不适合做朋友的。因此与同事之间保持适当的距离其实是合情合理的。

嘴上便宜占不得。有人喜欢说别人的笑话，虽是玩笑，也绝不肯自己吃亏，甚至为了自己不吃亏会让对方下不来台；有的喜欢争辩，有理没理都要争三分。这些人给人的感觉是太好胜，锋芒太露，难以合作，使人不想去亲近。

学会吃亏。和同事相处的时候，不要总是斤斤计较，偶尔吃一点亏是很正常的。不要因为吃了一点亏就计较，俗语还说"吃亏是福"，有时这样吃一点亏有助于自己人际关系的拓展，从长远看，是对自己很有利的。但"偶尔吃亏"不代表要"事事吃亏"，自己吃亏是为了与同事之间的人际关系更为和谐，但不代表自己毫无原则地妥协，被他人欺负。

二、上下级之间的交往

在职场中，新人与领导之间的交往尤为重要，与上司交往是一门学问，也是一门艺术。不论何种岗位，如果与领导的交往不顺利，很有可能影响到自己的职业生涯的前途。

摆正关系。摆正关系是搞好上下级关系的前提。作为下级，如果过傲，易把关系搞僵；过卑则也不能建立正常的关系。因此，被领导者的正确做法是动机要纯，心术要正，既不桀骜不驯、恃才傲物，也不过分卑躬屈膝。

尊重领导。作为下级、职场新人来讲，在工作中，要尊重领导，维护领导的尊严。遇见领导，要主动打招呼；碰到决断不了的事，要向领导请教。对领导交办的工作，应创造性地完成，完不成的要向领导说明情况。

当好参谋。被领导者若想让领导满意，最重要的前提就是具有完成本职工作的能力，出色地完成任务。"参谋"重在"参与"。作为被领导者，应主动为上司出谋划策，为本单位的发展，多出工作点子，多提合理化建议。这样才能得到领导的赏识，在职场得到更好的发展。

谦虚诚实。作为下级，应虚心地向领导请教工作方面的问题，毕竟作为新人，需要学习的地方还很多，这样会得到领导的喜欢和赏识；反之，高傲、固执、自以为是、大出风头等，就会使领导生厌。另外，下级应诚实无伪。说老实话，办老实事，当老实人，言行一致，表里如一，不搞两面派，不弄虚作假。

与领导谈话要有技巧。与上司交谈时，应从容、自然、亲切、谦虚，切不可锋芒毕露、咄咄逼人。与领导交谈时，要讲究艺术，把握交谈的时间，不要使领导失去与自己交谈的兴趣。与领导谈话时更不能沉默，对领导的讲话，下级应有所反应，否则，会使气氛沉闷、压抑。

给领导提意见和建议时，要讲究方法。所谓"金无足赤，人无完人"。领导也有说错、办错的时候，作为下级来说，应讲究提意见或建议的方式、方法，这样既能达到目的，又不使领导尴尬或恼怒。

第八章　餐饮礼仪

引　言

中华饮食文化源远流长，自古就有"民以食为天"的俗语，一日三餐，必不可少。中国餐桌礼仪始于周公，其中又包括宴饮礼仪、待客礼仪和进食礼仪。"排座次"是中国食礼文化中最重要的一项，因为伴随桌具的演变，座位的排法也相应会有变化，但总的来讲，座次"尚左尊东""面朝大门为尊"。此外，尊卑之礼是中国食礼文化中另一项重要内容，子女对父母，下级对上司，少小对尊长，都要表现出应有的尊重和恭敬。

随着时代的变迁，东西方交往的日益密切，国民渐渐接受西餐。我们通常所说的西餐主要是包括西欧国家的饮食菜肴。西餐一般以刀叉为餐具，以面包为主食，多以长形桌台为台形。西餐的主要特点是主料突出，形色美观，口味鲜美，营养丰富，供应方便等。当下，西餐已经成为人们日常生活中经常选择的餐饮方式。

本章主要介绍中餐、西餐的基本知识、饮酒礼仪、饮茶礼仪及喝咖啡礼仪。

第一节　中餐礼仪

一、古代饮食口味[①]

先秦时期流行"酸味"。《晏子春秋》记载："水火醯醢盐梅，以烹鱼肉"。盐，大概是人类最早发现的调味品。是菜就离不开盐，盐因此有"百味之王"的美称。但盐作为基础通用调味品并不是万能的，如遇到腥膻味食材，盐便起不了多大作用。从史料记载来看，除盐之外，中国人最早使用的一种调味品是梅子。梅子性酸，做出的菜品自然"酸味十足"。从先秦时普遍使用梅子这种调味品来看，"酸味"应该是当时的流行味道。

秦汉饮食突出"咸味"。古代教儿童识字的《急就篇》中曾记载："葵韭葱薤蓼苏姜，芜荑盐豉醯酢酱。"可见，现代烹饪中使用的大多数调味品，先秦时均已使用，如花椒、桂皮、姜、葱、芥、薤、韭等都上了古代人的餐桌。《礼记·内则》中记载："脍，春用葱，

[①] 古代美食如何"有滋有味". 2015-12-07. https://www.baidu.com/link?url=l3Ux1TNl3BC0B_DFPlYm9QQ_4oc75TyC-vecxVdJVDMkg2hoNV00X8Eac8-Lnswy96bfB7zUBTeFtEOw5SqpHa&wd=&eqid=b839c6410000484f00000003586b17e5.

秋用芥。豚，春用韭，秋用蓼。脂用葱，膏用薤，三牲用藙，和用醯，兽用梅。"可见，先秦时，对以辛香为主的各种天然调味品的开发和使用，掀起了中国美食史上的第一波"滋味"革命。

唐宋时期"辣味"受宠。在五味中，含有挥发性成分的辛香调味品，对人的口、鼻刺激最为直接，可极大地诱发食欲。这方面的材料主要有椒、桂、姜、葱、蓼、芥等，这些都是中国原产的本土调味品。其中，花椒和生姜最有特色，古人很喜欢，用得也多。西汉时，张骞从西域带回了蒜、芫荽（香菜）等，这些"胡味"让中国人最早品尝到了外来风味。再后进来的"胡椒"，则一直是古人眼里的高档调味品，尤以唐宋人最为崇尚。在"外来风味"中，明清以后能对中国饮食产生革命性影响的是"辣味"——辣椒的味道。辣椒原产美洲，在被西班牙香料商发现后移种欧亚，明代后期，辣椒被当作观赏花卉引种到中国。讲究口味的中国人很快发现了辣椒的食用价值，尤其是一向嗜辛辣的四川、湖南等地，一改对花椒、生姜的依赖，恋上了辣椒，"无姜不食"变成了"无辣椒不食"。从此，"辣味"成为川菜、湘菜等菜系的主打味道。

《周礼》记载："酸养骨""辛养筋""咸养脉""苦养气""甘养肉"。在五味中，古人认为"甜味"最美，故有"甜美"一词。那古人用什么调味品让菜肴变得甜美？早期主要有饴、蜜、蔗浆等，到宋代时，现在常用的红糖、白糖已能生产，而且质量上乘。江浙、四川等南方人做食品时最喜欢放糖，曹丕《与朝臣诏》中即有"蜀人作食，喜着饴蜜"的说法。这一饮食偏好，至今未改，如江南苏州、无锡、常州一带，菜肴以甜味为主，与齐鲁偏咸、淮扬偏淡、湖湘偏辣明显不一样。

二、中餐简介

广义的中餐指中国风味的餐食菜肴，八大菜系是中国饮食文化的典型代表。早在春秋战国时期，饮食文化中南北菜肴风味就表现出差异。到唐宋时，南食、北食各自形成体系。到了宋代，北咸南甜的格局形成。发展到清代初期时，川菜、鲁菜、粤菜、苏菜，成为当时最有影响的地方菜，被称作"四大菜系"。[1]到清末时，浙菜、闽菜、湘菜、徽菜四大新地方菜系分化形成，共同构成汉民族饮食的"八大菜系"。川菜麻辣鲜香，鲁菜浓油赤酱，粤菜原汁原味，苏菜嗜甜，闽菜咸甜，徽菜重油重盐，湘菜重辣，浙菜酱香味浓。此外，中餐的制作方式有炒、爆、熘、烧、焖、煨、烩、卤、煎、溻、贴、炸、烹、煮、氽、炖、煲、蒸、烤、腌、熏、风干、凉拌、淋等烹饪方式。

总体来说，中餐在原料加工上非常讲究刀工，可以把原料加工成细小的丝、丁、片、沫等样式。中餐菜肴大都有明显的咸味，并富于变化，多数菜肴都是完全熟后再食用。此外，中餐有明确的主、副食概念，主食有米、各种面食等多种制品。

中餐的餐具主要有杯、盘、碗、碟、筷、匙六种。中餐上菜的顺序一般是：先上冷盘，后上热菜，最后上甜食和水果。

---

[1] 解读中国八大菜系. 搜狐.2015-10-8. http：//baike.baidu.com/redirect/07e06zFh5sQgOrUViY_j9-JttMDJRTtGGLbammv0eJh2EXDvTTrsP6AauS1oGB9Kw97WEW-5o30Qj75P1oZoqzB3vfbk37EtvgtF_w.

正式宴请、家宴、便餐等都是常见的中餐用餐方式，也是我国在"饭桌上"常见的交流方式。作为宴请主人，应该在门口迎接宾客的到来并热情接待每一位宾客，在席间应主动为宾客斟酒，宴会结束后主人应为宾客送行；作为赴宴者，要注重自己的仪表，并根据宴会的性质来考虑礼品的选择，参加宴会切忌不能迟到，按主人的座次安排入座后便不能频频离座。

三、中餐宴会中的点菜礼仪与座次礼仪

（一）点菜礼仪

饭局点菜是一门大学问，甚至可以说从点菜可以看出一个人的"真实水平"。大学生毕业后走向社会，在工作岗位上很容易遇上"安排吃饭"这样的情况。那么，遵循怎样的点菜原则才能不失礼呢？

以下有四个点菜原则：

（1）看人员组成。一般来说，人均一菜是比较通用的规则。如果是男士较多的餐会可适当加量。

（2）看菜肴组合。一般来说，一桌菜最好是有荤有素，有冷有热，尽量做到全面。

（3）看宴请的程度。若是普通的商务宴请，平均一道菜在50元左右是可以接受的，如果就是普通的家宴，菜价则不需要这么高，可随性一些。

（4）看宴请的对象。宴请外宾的时候，一定要点带有中国特色的菜肴，像元宵、饺子、春卷等，价格虽便宜但具有鲜明的中国特色。若是宴请国内不同地区的人，在安排菜单时也要兼顾。例如湖南人喜辣、上海人嗜甜等。此外，如请有宗教或是少数民族饮食禁忌的宾客，在点菜时一定要极力避免其饮食禁忌，例如，穆斯林通常不吃猪肉，并且不喝酒。

（二）座次礼仪

座次礼仪，是整个中国食礼中最重要的一项。就餐座次的安排是就餐文化中最为敏感和最为重要的环节，座次安排是宴会能否成功最为关键的第一步。从古到今，因为桌具的演进，所以座位的排法也相应变化。总的来讲，座次是"尚左尊东""面朝大门为尊"，即将上级或是重要的来宾安排在房间中面向门的座位上，下级或是结账者应坐在靠近门的位置上。圆桌是中餐中目前普遍使用的餐台样式。

如果桌型是长条形，在人数少的情况下，主人与女主人可以坐在桌子的中间，如果人数较多，则要坐在桌子的两端。

四、中餐宴会中筷子使用礼仪

（一）筷子的文化史

筷子，是中餐中最重要的餐具，也是最能体现中国文化特色的餐具。一副小小的筷子，

看似不起眼，在我国至少也有三千年的历史。《史记·宋微子世家》中有记载："纣始为象箸"，意为商王朝逐渐开始走向灭亡的第一步就是因为一双象牙筷子。在民间的野史上也流传着这个小故事：纣王刚即位不久，觉得自己每日所使用的餐具甚是简陋，于是命人为他雕琢一把象牙筷子，觉得这样才能配得上自己的王者身份。贤臣箕子听说后便向纣王谏言说："象牙筷子肯定不能配瓦器，要配犀角之碗，白玉之杯。玉杯肯定不能盛野菜粗粮，只能与山珍海味相配。吃了山珍海味就不肯再穿粗葛短衣，而要衣锦绣，乘华车，住高楼。国内满足不了，就要到境外去搜求奇珍异宝。这样国库就会日渐空虚，劳民费力，不是圣明君主的作为。"可惜这番谏言并没有引起纣王的重视，反而让纣王认为箕子是小题大做、危言耸听，因此更加不加节制地厚赋税，兴造鹿台，以酒为池，悬肉为林，最终亡其国。可见在当时筷子已经出现。

先秦时期的筷子被称为"挟"，在当时只是作分菜之用，人们真正还是要"靠手"吃饭，是名副其实的"手抓饭"。直至唐朝才将筷子称为"箸"，此后宋、元、明、清沿用。又因"箸"与"住""蛀"同音，被明朝时江南渔民不喜，因此称"箸"为"筷"，意为行船之快，"筷子"从此流传至今。

（二）筷子的正确使用与禁忌

筷子相比于西餐中的刀叉，材质轻盈，且容易取材，但是它在使用中也有着自身独特的使用规则，一些不正确的使用方式则被看作是不礼貌的行为。想要正确地使用筷子，就要在使用前使筷尖对齐，使用时只动筷子上侧，使用中指、拇指、食指三根手指轻轻拿住，拇指要放到食指的指甲旁边，无名指的指甲垫在筷子下面，拇指和食指的中间夹住筷子将其固定住。详细见下图：

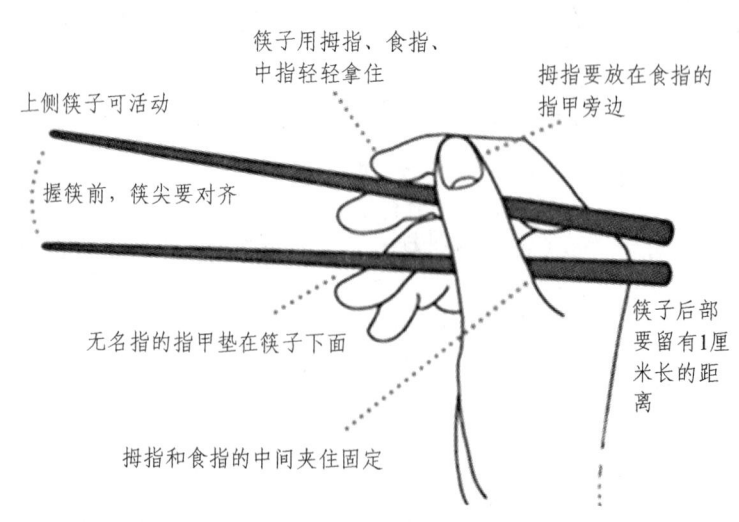

此外筷子在使用上有一些禁忌，如果不加注意，也会被认定是失礼的表现。

（1）无论是用餐前还是用餐完毕后，筷子一定要放整齐，不要长短不一地放在餐桌上，这样被称为三长两短，寓意十分不吉利，而这种细节往往被年轻人所忽视。

（2）切勿用筷子敲击盘碗，这被看作是"乞讨、要饭"的象征，也是非常失礼之举。

（3）忌用嘴嘬筷子并发出声音。有些人在遇到好吃可口的饭菜时，喜欢用嘴舔残留在筷子上的汤汁并发出声响，这种行为同样是非常不礼貌的。

（4）切忌用筷子在菜中来回翻搅，这种"海底捞"的行为会给别人留下十分不好的印象。

（5）切忌将筷子插在米饭上，传统意义上讲，只有给已经过世的人上供时才会将筷子插在饭上，这种做法是对客人的极其不尊敬。

五、中餐用餐时的注意事项

（1）在餐桌上，优美的仪态非常重要。例如，保持良好的坐姿，切忌左摇右晃，面带微笑、面部神态放松同样重要，不要一脸严肃或是眉头紧锁。应避免的类似举动还有：把腿张成八字形、伸伸懒腰、松松裤带等，这些姿势都很失礼、不雅观。

（2）进餐中夹菜时，应从面对自己的盘边夹起，不要从盘子中间或靠别人的一边夹起，更不能用筷子在菜盘子里翻来倒去地"寻寻觅觅"，咀嚼时要闭嘴咀嚼，细嚼慢咽，等嘴里的食物咽下后再同他人讲话，这不仅有利于消化，也是餐桌上的礼仪要求。

（3）用餐的动作要文雅一些。夹菜时，动作尽量轻柔，不要碰到邻座。口含食物，最好不要与别人交谈，开玩笑要有节制，以免口中食物喷出来，或者呛入气管，造成危险。

（4）用餐过程中吐出的骨头、鱼刺、菜渣等，要用筷子或手取接出来，放在自己面前的烟灰缸内或是垃圾盘内，最好不直接吐到桌面上或地面上。如果要咳嗽、打喷嚏，要用手或纸巾捂住嘴，并把头向后方转，避免正对菜肴或他人。

第二节　西餐礼仪

西餐是西方式餐饮的统称，广义上讲，也可以说是对西方餐饮文化的统称。西方人把中国的菜点叫作"中国菜"，把日本菜点叫做日本料理、韩国菜叫做韩国料理等，他们不会笼而统之地称之为"东方菜"，而是细细对其划分，依其国名具体而命名之。

实际上，西方各国的餐饮文化都有各自的特点，各个国家的菜式也都不尽相同，以下为现代西餐的主要分类[①]：

[①] 西餐都有什么种类，2015-06-15. https://www.souhu.com/link?url=990ENkU7n8hrRdKY7TFXkDv-8Rj1rTG_0W_UrXJjDwCOckvYwM9C5Enzi0WIya1XQiF_NBfRf7dn2L0FcFIJa&wd=&eqid=865d549300006c6600000003586b78a1.

法式菜肴。法国人一向以善于吃并精于吃而闻名，法式大餐至今仍名列世界西餐之首。法式菜肴的特点是：选料广泛（如蜗牛、鹅肝都是法式菜肴中的美味），加工精细，烹调考究，滋味有浓有淡，花色品种多；法式菜还比较讲究吃半熟或生食，如牛排、羊腿以半熟鲜嫩为特点，海味的蚝也可生吃，烧野鸭一般以六成熟即可食用等；法式菜肴重视调味，调味品种类多样。用酒来调味，什么样的菜选用什么酒都有严格的规定，如清汤用葡萄酒，海味品用白兰地酒，甜品用各式甜酒或白兰地等；法国菜和奶酪，品种多样。法国人十分喜爱吃奶酪、水果和各种新鲜蔬菜。法式菜肴的名菜有：马赛鱼羹、鹅肝排、巴黎龙虾、红酒山鸡、沙福罗鸡、鸡肝牛排等。

英式菜肴。英国的饮食烹饪，有家庭美肴之称。英式菜肴的特点是：油少、清淡，调味时较少用酒，调味品大都放在餐台上由客人自己选用。烹调讲究鲜嫩，口味清淡，选料注重海鲜及各式蔬菜，菜量要求少而精。英式菜肴的烹调方法多以蒸、煮、烧、熏、炸见长。英式菜肴的名菜有：鸡丁沙拉、烤大虾苏夫力、薯烩羊肉、烤羊马鞍、冬至布丁、明治排等。同时 fish and chips（鱼与薯条）是大众最熟悉的英式餐品。

意式菜肴，西餐始祖。在罗马帝国时代，意大利曾是欧洲的政治、经济、文化中心。虽然后来意大利落后了，但就西餐烹饪来讲，意大利却是始祖，可以与法国、英国媲美。意式菜肴的特点是：原汁原味，以味浓著称。烹调注重炸、熏等，以炒、煎、炸、烩等方法见长。意大利人喜爱面食，做法吃法甚多。其制作面条有独到之处，各种形状、颜色、味道的面条至少有几十种，如字母形、贝壳形、实心面条、通心面条等。意大利人还喜食意式馄饨、意式饺子等。意式菜肴的名菜有：通心粉素菜汤、焗馄饨、奶酪焗通心粉、肉末通心粉、比萨饼等。

美式菜肴。美国菜是在英国菜的基础上发展起来的，继承了英式菜简单、清淡的特点，口味咸中带甜。美国人一般对辣味不感兴趣，喜欢铁扒类的菜肴，常用水果作为配料与菜肴一起烹制，如菠萝焗火腿、菜果烤鸭。喜欢吃各种新鲜蔬菜和各式水果。美国人对饮食要求并不高，只要营养、快捷，讲求的是原汁鲜味。但对肉质的要求很高，如烧牛柳配龙虾便选取来自美国安格斯的牛肉。只有半生的牛肉才有美妙的牛肉原汁。相对于传统西餐的烦琐礼仪，美国人的饮食文化简单多了。餐台上并没有多少刀叉盘碟，仅放着最基本的刀叉勺子各一把。据说，只有在非常正式的宴会或家庭宴客时，才会有较多的规矩和程序。美式菜肴的名菜有：烤火鸡、橘子烧野鸭、美式牛扒、苹果沙拉、糖酱煎饼等。各种派是美式食品的主打菜品。

一、西餐上菜流程简介

西餐的第一道菜是头盘，也称为开胃品。开胃品的内容一般有冷头盘和热头盘之分，常见的品种有鱼子酱、鹅肝酱、熏鲑鱼、鸡尾杯、奶油鸡酥盒、焗蜗牛等。因为是要开胃，所以开胃菜一般都以咸和酸为主，而且数量少，质量较高。西餐的汤大致可分为清汤、奶油汤、蔬菜汤和冷汤等四类。品种有牛尾清汤、各式奶油汤、海鲜汤、美式蛤蜊汤、意式蔬菜汤、俄式罗宋汤、法式焗葱头汤。冷汤的品种较少，有德式冷汤、俄式冷汤等。

鱼类菜肴一般作为西餐的第三道菜，也称为副菜。通常水产类菜肴与蛋类、面包类菜肴品都称为副菜。因为鱼类等菜肴的肉质鲜嫩，比较容易消化，所以放在肉类菜肴的前面，叫法上也和肉类菜肴的主菜有区别。西餐吃鱼菜肴讲究使用专用的调味汁，品种有薄荷汁、酒店汁、白奶油汁、水手鱼汁等。

肉、禽类菜肴是西餐的第四道菜，也称为主菜。肉类菜肴的原料取自牛、羊、猪、小牛仔等各个部位的肉，其中最有代表性的是牛肉或牛排。牛排按其部位又可分为沙朗牛排（也称西冷牛排）、菲利牛排、"T"骨型牛排等。肉类菜肴配用的调味汁主要有红酒汁、黑椒汁、蘑菇汁等。禽类菜肴的原料取自鸡、鸭、鹅，主要的调味汁有黄肉汁、咖喱汁、奶油汁等。

蔬菜类菜肴在西餐中称为沙拉，是一种配菜。沙拉的主要调味汁有醋油汁、法国汁、干岛汁、奶酪沙拉汁等。

西餐的甜品是主菜后食用的，可以算作是第六道菜。从真正意义上讲，它包括所有主菜后的食物，如布丁、煎饼、冰激凌、奶酪、水果等。

西餐的最后一道是饮料，即咖啡或茶。喝咖啡一般要加糖和淡奶油。茶一般要加香桃片和糖。

二、西餐的用餐礼仪

首先最得体的入座方式是从左侧入座。就座时，身体要端正，与餐桌的距离以便于使用餐具为佳。餐台上已摆好的餐具不要随意摆弄。将餐巾对折轻轻放在膝上。

其次在使用刀叉进餐时，从外侧往内侧取用刀叉，要左手持叉，右手持刀；切东西时左手拿叉按住食物，右手执刀将其切成小块，用叉子送入口中。使用刀时，刀刃不可向外。进餐中放下刀叉时应摆成"八"字形，分别放在餐盘边上。刀刃朝向自身，表示还要继续吃。每吃完一道菜，将刀叉并拢放在盘中。如果是谈话，可以拿着刀叉，无须放下。不用刀时，可用右手持叉，但若需要做手势时，就应放下刀叉，千万不可手执刀叉在空中挥舞摇晃，也不要一手拿刀或叉，而另一只手拿餐巾擦嘴，也不可一手拿酒杯，另一只手拿叉取菜。要记住，任何时候，都不可将刀叉的一端放在盘上，另一端放在桌上。

喝汤时不要啜，吃东西时要闭嘴咀嚼。不要舔嘴唇或咂嘴发出声音。如汤菜过热，可待稍凉后再吃，不要用嘴吹。喝汤时，用汤勺从里向外舀，汤盘中的汤快喝完时，用左手将汤盘的外侧稍稍翘起，用汤勺舀净即可。吃完汤菜时，将汤匙留在汤盘（碗）中，匙把指向自己。

吃鱼、肉等带刺或骨的菜肴时，不要直接外吐，可用餐巾捂嘴轻轻吐在叉上放入盘内。如盘内剩余少量菜肴时，不要用叉子刮盘底，更不要用手指相助食用，应以小块面包或叉子相助食用。吃面条时要用叉子先将面条卷起，然后送入口中。

面包一般掰成小块送入口中，不要拿着整块面包去咬。抹黄油和果酱时也要先将面包掰成小块再抹。

吃鸡腿时应先用力将骨去掉，不要用手拿着吃。吃鱼时不要将鱼翻身，要吃完上层后用刀叉将鱼骨剔掉后再吃下层。吃肉时，要切一块吃一块，块不能切得过大，或一次将肉都切成块。

喝咖啡时如愿意添加牛奶或糖，添加后要用小勺搅拌均匀，将小勺放在咖啡的垫碟上。喝时应右手拿杯把，直接用嘴喝，不要用小勺一勺一勺地舀着喝。吃水果时，不要拿着水果整个去咬，应先用水果刀切成四瓣再用刀去掉皮、核，继而用叉子叉着吃。

吃面包时不可蘸调味汁吃到连调味汁都不剩，而要用叉子叉住已撕成小片的面包，再蘸一点调味汁来吃，这才是雅观的吃法。

三、西餐中刀、叉、勺的使用

刀是用来切割食物的，应为右手拿刀。如果用餐时，有三种不同规格的刀同时出现，一般正确的用法是：带小小锯齿的那一把用来切肉制食品；中等大小的用来将大片的蔬菜切成小片；而那种小巧的，刀尖是圆头的、顶部有些上翘的小刀，则是用来切开小面包，然后用它挑些果酱、奶油涂在面包上面。如果参加较为正式的西餐宴会时，西餐桌上不止一副刀叉，其正确的使用顺序应该是从外向内依次使用。

左手拿叉，叉起食物往嘴里送时，动作要轻，捡起适量食物一次性放入口中，不要拖拖拉拉一大块，咬一口再放下，这样很不雅。叉子插起食物入嘴时，牙齿只碰到食物，不要咬叉，也不要让刀叉在齿上或盘中发出声响。

在正式场合下，勺有多种，小的是用于咖啡和甜点的；扁平的用于涂黄油和分食蛋糕；比较大的，用来喝汤或盛碎小食物；最大的是公用于分食汤的，常见于自助餐。

至于餐具的摆放，是根据上菜先后顺序从外到内摆放。有的菜用过后，会撤掉一部分刀叉。刀叉放的方向和位置都有讲究。刀叉放在垫盘上呈八字形，刀口朝内，叉尖向下就表示还需要继续用餐；刀叉平行摆放在垫盘上刀口向处，叉尖向上则表示不需要继续用餐了。汤勺横放在汤盘内，匙心向上，表示用汤餐具可以收走。

四、西餐的座次安排

在安排西餐的座次时，有以下几个原则：

（1）恭敬主宾。在西餐中，主宾极受尊重。因此在排定位次时，应请男、女主宾分别紧靠着女主人和男主人就座，以便进一步受到照顾。

（2）女士优先。在西餐礼仪里，女士处处都受尊重。在排定用餐位次时，主位一般应请女主人就座，而男主人则需退居第二主位。

（3）以右为尊。在排定位次时，以右为尊依旧是基本原则。就某一特定位置而言，其右位高于其左位。

（4）面门为上。有时又叫迎门为上。它所指的是，面对餐厅正门的位子，通常在序列上要高于背对餐厅正门的位子。在这一点上与中餐座次安排相同。

（5）交叉排列。用中餐时，用餐者经常有可能与熟人，尤其是与其恋人、配偶在一起就座，但在用西餐时，这种情景便不复存在了。在用西餐时要遵守交叉排列的原则。依照这一原则，男女应当交叉排列，生人与熟人也应当交叉排列。因此，一个用餐者的对面和两侧，往往是异性，而且还有可能与他（她）不熟悉。这样做，据说最大的好处是可以广交朋友。不过，这也要求用餐者最好是双数，并且男女人数各半。

在西餐用餐时，最常见、最正规的西餐桌当属长桌。以长桌排位，一般有两个主要办法。一是男女主人在长桌中央相对而坐，餐桌两端可以坐人，也可以不坐人；二是男女主人分别就座于长桌两端。

第三节 饮茶、喝咖啡与饮酒礼仪

一、饮茶礼仪

（一）中国的茶文化

中国是茶的故乡，制茶、饮茶已有几千年历史，主要品种有绿茶、红茶、乌龙茶、花茶、白茶、黄茶、黑茶。茶有健身、治疾之药物疗效，又富欣赏情趣，可陶冶情操。饮茶也始于中国。中国是文明古国，很重礼节。若是家中来了客人，沏茶、敬茶的礼仪是必不可少的。

此外，在中国，中医认为，茶叶上可清头目，中可消食滞，下可利小便，是天然的保健饮品。不仅如此，中医还认为，一年有春夏秋冬四季之分，茶叶也有寒热温凉性味的差别，因此，四季饮茶也要有所区别。春天宜饮花茶；夏天宜喝绿茶；秋天宜喝清茶；冬天宜饮红茶。

（二）茶叶的分类和与茶具的搭配[①]

绿茶：不经过发酵的茶，即将鲜叶经过摊晾后直接下到一二百度的热锅里炒制，以保持其绿色的茶。其名贵品种有：龙井茶、碧螺春茶、黄山毛峰茶、六安瓜片、太平猴魁茶、君山银针茶等。绿茶，是我国产量最多的一类茶叶，具有香高、味醇、形美、耐冲泡等特点。在冲泡绿茶时首选是水晶玻璃杯，一可观色，二可品形，宜配清淡、清爽的糕点。

红茶：红茶与绿茶恰恰相反，是一种全发酵茶（发酵程度大于80%）。其名贵品种有：祁红、滇红、英红。红茶主要有小种红茶、工夫红茶和红碎茶三大类。冲饮红茶首选是骨

[①] 中国茶叶网.茶叶的种类. http://www.china-tea.org/List/List_33_1.Html.

瓷套壶、瓷器套壶、紫砂壶。一般饮用红茶都加奶加糖，喝起来比较浓郁可口，宜配苏打类或带咸味的点心。

黑茶：云南的普洱茶就是黑茶中的一种。普洱茶是在已经制好的绿茶上浇上水，再经过发酵制成的。普洱茶具有降脂、减肥和降血压的功效。若冲泡陈年普洱茶，用纯原矿紫砂壶为宜，因为紫砂壶有改变水质的作用，也有过滤陈茶杂味等功能。公道杯宜用玻璃材质的，茶杯宜选用青花杯，这样可欣赏茶的汤色、观察茶底的干净度。普洱比较醇厚、柔和，宜搭配口味重的点心。

乌龙茶：乌龙茶也就是青茶，是一类介于红绿茶之间的半发酵茶。乌龙茶在六大类茶中工艺最复杂费时，泡法也最讲究，所以喝乌龙茶也被人称为喝工夫茶。名贵品种有：武夷岩茶、铁观音、凤凰单丛、台湾乌龙茶等。对于乌龙茶的冲泡，清朝的袁枚有说："茶必武夷，壶必孟臣；杯必若琛。"这很好地道出了工夫茶茶具的组合。冲泡岩茶、铁观音、乌龙茶宜用纯原矿朱泥壶，能够很好地保持岩香。乌龙茶属于重香气的茶，宜配带甜味的点心。

黄茶：著名的君山银针茶就属于黄茶，黄茶的制法有点像绿茶，不过中间需要闷黄三天。

白茶：白茶基本上就是靠日晒制成的。其名贵品种有：白毫银针茶、白牡丹茶等。白茶是我国的特产。它加工时不炒不揉，只将细嫩、叶背满茸毛的茶叶晒干或用文火烘干，而使白色茸毛完整地保留下来。黄茶类、白茶类这两款茶具有非常高的观赏性，建议用透明的较高的玻璃杯冲泡，可欣赏其在杯中的三起三落，有杯中盘景之美称。

（三）饮茶时要注意的礼仪

中国人好以茶会客，看似简单的一杯茶实则暗含了许多学问，除了泡茶讲究，斟茶、品茶、添茶都有讲究。

酒要满，茶要浅。因为酒是冷的，客人接手不会被烫，而茶是热的，满了接手时茶杯很热，这就会让客人的手被烫，有时还会因受烫致茶杯掉下地打碎了，给客人造成难堪。

先尊老后卑幼。在第一次斟茶时，要先尊老后卑幼。

先客后主，司炉最末。在敬茶时还要先敬客人来宾然后才是主人。在场的人全都喝过茶之后，司炉者（煮茶冲茶者）才可以饮喝，否则就对客人不敬。

不论是主人还是客人，都不应大口吞咽茶水，应当慢慢地一小口一小口地仔细品尝。遇到漂浮在水面上的茶叶，可用茶杯盖拂去，或轻轻吹开。切不可用手从杯里捞出来，也不要将吃到嘴里的茶叶吐出，这都是十分不雅的行为。

喝茶勿皱眉。客人喝茶时不能皱眉，因为这是对主人示警的动作，主人发现客人皱眉，就会认为客人嫌弃自己茶不好、不合口味。

主人热情好客，每以浓茶待人，但若交谈时间过长主人故意不换茶叶，客人就要察觉到主人是"暗下逐客令"，抽身告辞，否则会惹主人不快。

二、喝咖啡礼仪

（一）咖啡溯源[①]

咖啡由来的传说有好几种，其中较为人熟知的是牧羊人的故事。根据罗马一位语言学家罗士德·奈洛伊（1613—1707）的记载：大约公元六世纪时，有位阿拉伯牧羊人卡尔代某日赶羊到伊索比亚草原放牧时，看到每只山羊都显得无比兴奋，雀跃不已，他觉得很奇怪，后来经过细心观察发现，这些羊群是吃了某种红色果实才会兴奋不已，卡尔代好奇地尝了一些，发觉这些果实非常香甜美味，食后自己也觉得精神非常振奋，从此他就时常赶着羊群一同去吃这种美味果实。后来，一位回教徒经过这里，便顺手将这种不可思议的红色果实摘些带回家，并分给其他的教友们吃，其神奇效力也就因此流传开来了。

另一些传说是阿拉伯半岛上的守护圣徒雪克·卡尔第之弟子雪克·欧玛是摩卡很受人民尊敬及爱戴的酋长，但因犯罪而被族人驱逐。雪克·欧玛因此而被流放到该国的俄萨姆，在这里偶然发现了咖啡的果实，这是1258年的事。一日，欧玛饥肠辘辘地在山林中走着，看见枝头上羽毛奇特的小鸟在啄食了树上的果实后，发出极为悦耳婉转的啼叫声。他将此果实带回并加水熬煮，不料竟发出浓郁诱人的香味，饮用后原本疲惫的感觉也随之消除，元气十足。欧玛便采集了许多这种神奇的果实，遇见有人生病时，就将果实做成汤汁给他们饮用，病人随即便恢复了精神。由于他四处行善，受到信徒的喜爱，不久他得以被赦，回到摩卡的他，因发现这种果实而受到礼赞，人们推崇他为圣者。而当时神奇的治病良药，据说就是咖啡。

可可、咖啡、茶并称当今世界的三大无酒精饮料，与茶相同，咖啡也是人类所喜爱的饮料，那么咖啡有多少种类，喝咖啡的礼仪与饮茶的礼仪是否相同？

（二）咖啡的种类及简介

浓缩咖啡，属于意式咖啡，就是人们平常用袋装咖啡直接冲出来的那种，味道浓郁，入口微苦，咽后留香。

玛奇朵，在浓缩咖啡中加上两大勺奶泡就成了一杯玛奇朵。玛奇朵在意大利文里是印记、烙印的意思，所以是象征着甜蜜的印记。

美式咖啡，是最普通的咖啡，属于黑咖啡的一种。在浓缩咖啡中直接加入大量的水制成，口味比较淡，咖啡因含量较高。

白咖啡，是马来西亚的特产，白咖啡的颜色并不是白色，但是比普通咖啡更清淡柔和，白咖啡味道纯正，甘醇芳香。

拿铁咖啡，浓缩咖啡与牛奶的经典混合。咖啡在底层，牛奶在咖啡上面，最上面是一层奶泡。也可以放一些焦糖就成了焦糖拿铁。

康宝蓝，意大利咖啡品种之一，与玛奇朵齐名，由浓缩咖啡和鲜奶油混合而成，咖啡在下面，鲜奶油在咖啡上面。

[①] 咖啡文化，维基百科[2015-06-28].

卡布奇诺，以等量的浓缩咖啡和蒸汽泡沫牛奶混合的意大利咖啡。咖啡的颜色就像卡布奇诺教会的修士在深褐色的外衣上覆上一条头巾一样，咖啡因此得名。

摩卡咖啡，是一种最古老的咖啡，是由意大利浓缩咖啡、巧克力酱、鲜奶油和牛奶混合而成，摩卡得名于有名的摩卡港。其独特之甘、酸、苦味，极为优雅。摩卡是为一般高级人士所喜爱的优良品种。普通皆单品饮用。饮之润滑可口。醇味历久不退。

焦糖玛奇朵，由香浓热牛奶上加入浓缩咖啡、香草，最后淋上纯正焦糖而成。

维也纳咖啡，奥地利最著名的咖啡，由浓缩咖啡、鲜奶油和巧克力混合而成。奶油柔和爽口，咖啡润滑微苦，糖浆即溶未溶。

（三）喝咖啡礼仪

咖啡杯的拿法。在餐后饮用的咖啡，一般都是用袖珍型的杯子盛出。这种杯子的杯耳较小，手指无法穿出去。但即使用较大的杯子，也不要用手指穿过杯耳再端杯子。咖啡杯的正确拿法，应是拇指和食指捏住杯把儿再将杯子端起。

咖啡匙的拿法。咖啡匙是专门用来搅咖啡的，饮用咖啡时应当把它取出来。不要用咖啡匙舀着咖啡一匙一匙地慢慢喝，也不要用咖啡匙来捣碎杯中的糖。

杯碟的使用。盛放咖啡的杯碟都是特制的。它们应当放在饮用者的正面或者右侧，杯耳应指向右方。喝咖啡时，可以用右手拿着咖啡的杯耳，左手轻轻托着咖啡碟。喝咖啡时，不要发出声响。添加咖啡时，不要把咖啡杯从咖啡碟中拿起来。

三、饮酒礼仪

（一）中国的酒文化[①]

中国制酒文化源远流长，酒类品种繁多，享誉中外。黄酒是世界上最古老的酒类之一，约在三千多年前，商周时代，中国人独创酒曲复式发酵法，开始大量酿制黄酒。约一千年前的宋代，中国人发明了蒸馏法，从此，白酒成为中国人饮用的主要酒类。酒渗透于整个中华五千年的文明史中，从文学艺术创作、文化娱乐到饮食烹饪、养生保健等，酒在中国人生活中的各个方面都占有重要的位置。

原始社会，我国酿酒已很盛行，原始部落的人们采集的野果在经过长期的储存后发霉，然后形成酒的气味。远古时期的酒，是未经过滤的酒醪，呈糊状和半流质，对于这种酒，不适于饮用，而是食用。夏商时代酒文化十分盛行，尤其是商代，青铜器制作技术提高，中国的酒器达到前所未有的繁荣。做酒有了成套的经验，饮酒风气很盛，特别是贵族饮酒极为盛行，酒的广泛饮用引起商统治者的高度重视，纣王造酒池可行船，整日里美酒伴美色，商代留下了"酒色文化"。周代大力倡导"酒礼"与"酒德"，把酒的主要用途限制在祭祀上，于是出现了"酒祭文化"。秦汉年间出现"酒政文化"，统治者站在"讲政治"的

---

① 中国酒文化赏析 https://www.baidu.com/link?url=b8Dzb2hhNoFEzOaC5gwZYt5WEpYwX1zPAS0DJM_9aZt1rBy0nGC6uGHjCwQg_ldHU63LWwfpftMWUkuP33rp77cc_yNMO_pndxMoRM1QrvW&wd=&eqid=ea0c796c00013cb700000003586b9e85

高度屡次禁酒，提倡戒酒，以减少五谷的消耗，最终屡禁不止。汉代对酒的认识进一步提高，酒的用途广为扩大，东汉名医张仲景用酒疗病，水平相当高。魏晋南北朝时期名士饮酒风气极盛，借助于酒，人们抒发着对人生的感悟、对社会的忧思、对历史的慨叹。魏晋时期开始流行坐床，酒具变得较为瘦长，此外，魏晋南北朝时出现了"曲水流觞"的习俗，著名书法家王羲之的《兰亭集序》中就提到了"曲水流觞"的集体活动，把酒道向前推进了一步。唐宋时期的酒文化是酒与文人墨客大结缘的结果。唐朝诗词的繁荣，对酒文化有着促进作用，出现了辉煌的"酒章文化"，酒与诗词相融相兴、相得益彰。文人多嗜酒。酒能激发灵感，活跃形象思维；酒后吟诗作文，每有佳句华章。饮酒本身，也往往成为创作素材。一部中国文学史，几乎页页都散发出酒香。李白和杜甫，堪为中国文人的杰出代表，他们终生嗜酒。除此之外在唐代酒与音乐、酒与书法、酒与美术、酒与绘画等也都相融相兴。明清以后，酒已成为人们生活中不可缺少的饮品，每逢佳节节令，"专用酒"十分流行，如元旦饮椒柏酒、正月十五饮填仓酒、端午饮菖蒲酒、中秋饮桂花酒、重阳饮菊花酒。发展至当今社会，酒更是广泛地融入了人们的生活，如生日宴、婚庆宴、丧宴等以及相关的酒俗、酒礼，成为了一项重要的生活内容。

（二）酒的种类

说到酒的种类，中西方的酒的种类是不同的，从某种角度上来说，中国的酒文化就是白酒文化。而西方主要是以葡萄酒为主。喝酒所使用的酒杯也不同，中国古代酒器以青铜器、瓷器和漆器闻名。西方人不同的酒有不同的喝酒器具。所以他们有葡萄酒杯、白酒杯、红酒杯、白兰地酒杯等。

白酒是世界八大蒸馏酒之一，作为中国特有的一种蒸馏酒，它具有酒质无色（或微黄）透明、气味芳香、入口绵甜的特点。白酒以高粱、小麦、玉米等粮食作为原料，经蒸煮、发酵、蒸馏等多道工序而成。茅台、五粮液、剑南春、泸州老窖、古井贡等中国十大名酒，是白酒中的典型代表。

一般说来，葡萄酒是西方宴会场合的常客，因此，有必要了解世界各地不同产区的葡萄酒的种类。

气泡葡萄酒或香槟。因为要经过 2～3 道工序的发酵，因此香槟酒一般比红、白葡萄酒价格贵。需要说明的是，法国的相关法律规定，只有产自法国香槟省的气泡葡萄酒才能称为香槟，其他产区的只能称为气泡葡萄酒。

白葡萄酒。其酒精度一般在 10%～14%之间，是主菜佐餐酒的完美之选。判断一瓶白葡萄酒的优劣，一般经过四个步骤：观其色、辨其醇、闻其香、品其味。

红葡萄酒。是用红皮葡萄酿造，其颜色来自葡萄皮里的色素。红葡萄酒的酒精度一般也在 10%～14%之间。

白兰地。是一种蒸馏葡萄酒，用产自法国的葡萄酒制成。酒精度一般在 40%～42%之间。

波尔图葡萄酒。其酒精度比较低，一般在 16%～18%之间。因其保留了葡萄的糖分，是甜点佐酒的理想选择。

（三）饮酒礼仪

与中国的一些宴请不同，西方人的干杯只是用来表达敬意，并不要求对方把酒喝光。敬意和欣赏是通过细酌慢饮来表达的，饮酒是方式、是礼仪，沟通才是目的。这一点与中餐不同。在喝葡萄酒前一般要先醒酒，时间应以 30 分钟左右为宜。喝葡萄酒时，多用高脚杯盛酒，手要握杯子的下面，避免手指的温度影响酒的口感，喝前均匀地摇晃酒杯，使酒气散发，用鼻子先闻闻芳香，然后浅抿一口，再感受回味，尽量不要一饮而尽。

相比之下，中国宴会中在酒桌上的礼仪就有很多的注意事项。

给别人斟酒不宜太满也不宜太少，最好斟八分满。跟别人碰杯的时候正确做法应该是左手放在杯底，右手拿着杯子，端酒杯与别人碰时要低于别人的酒杯，这是一种尊重。敬酒要注意顺序，不要乱敬酒，一般是按照主人敬主宾、陪客敬主宾、主宾回敬、陪客互敬的顺序敬酒。如果是家宴，应先从长者敬起。自己去敬酒的时候，不可一人敬多人，但是可以几个人一起去敬一人。此外，敬酒时的说词多以祝福语、感谢语和吉祥话为主。最好不要过分劝酒，任何事情都过犹不及，过分劝酒容易引起他人的抵触心理，反而会破坏感情，得不偿失。

第九章　国际礼仪

引　言

随着经济的飞速发展，国与国之间的交流、交往日益密切，不管是出国旅游还是接待外国友人，对现代人来讲都已不再陌生，地球俨然已经变为了地球村。随着与国外交往的日益密切，只有多了解一些世界各国的习俗与禁忌，才能避免尴尬情况的出现，从而更快获得成功。本章节将从见面礼、传统或代表服饰、饮食、习俗禁忌四个方面介绍亚洲、欧洲、美洲和大洋洲的代表国家在国际礼仪上的不同之处和相关注意事项。

第一节　亚洲代表国家

一、日本

在日本，人们见面不论熟悉程度，多以鞠躬为礼。日本人一般的鞠躬时间为三秒钟左右，但在遇见社会地位比较高的人和长辈的时候，鞠躬时间要略长一些，有时候甚至要鞠躬几次。鞠躬礼不是日本人唯一的见面礼，他们在社交场合往往也施握手礼。

日本的传统服饰是和服。日本和服的起源很早，其效仿隋唐服饰，和服腰包则是受基督教传教士穿长袍系腰带影响而创造。[1]和服种类繁多，且男女间有明显差别：男式和服色彩比较单调，偏重黑色，款式较少，腰带细，附属品简单；女式和服色彩缤纷艳丽，腰带很宽，而且种类、款式多样，还有许多附属品。而且依据场合与时间的不同，人们也会穿不同的和服出现，以示慎重，例如女式和服有婚礼和服、成人式和服、晚礼和服、宴礼和服及一般礼服。穿和服时讲究穿木屐、布袜，还要根据和服的种类，梳理不同的发型，和服俨然成了一种艺术品。

日本人爱吃鱼以及各种海味、瘦猪肉、牛肉、鸡、鸭、鸡蛋和各种野生禽类及蔬菜、豆腐、紫菜等，讲究食品的营养搭配，讲究菜点的色泽和形状，口味多为咸鲜，清淡少油，稍带甜酸和辣味。日本人很讲茶道，餐前餐后都喜欢喝茶，特别喜欢喝清茶。生食是日本人的习惯，例如生鱼片、寿司之类的食物便是日本人日常生活中十分喜爱的事物。

---

[1] 唐代服饰装饰部分对日本和服装饰的影响，中国社会科学网，2015-06-27.

日本人有不少语言忌讳，如"苦"和"死"，就连谐音的一些词语也在忌讳之列，并且忌讳数字"4""13"，认为它们是不吉利的象征。日本人大多数信奉神道和佛教，他们不喜欢紫色和绿色，认为它们是悲伤、不祥的颜色。日本人喜欢的图案是松、竹、梅、乌龟等。此外，日本人对装饰有狐狸、獾图案的东西甚为反感，因为他们认为狐狸狡猾，是贪婪的象征。

二、韩国

韩国人见面时的传统礼节同样也是鞠躬礼，且根据对方的年龄、辈分等鞠躬的角度也略有不同。晚辈、下级遇到长辈或者上级时，应鞠躬问候，并站在一旁，让其先行，以示敬意，一般鞠躬为45度或者90度。遇到同辈一般30度或者点头问好即可。男人之间见面打招呼互相鞠躬并握手，女人一般不与人握手。

韩国的传统服饰为韩服，韩服最初主要也是受中国唐代服饰的影响。唐代时，新罗与唐朝交往非常密切，服饰特点几乎与唐朝无异。韩服的个性发展开始于李氏朝鲜中期。从那以后，韩服特别是女装，逐渐向高腰、襦裙发展，同中国服饰的区别逐渐增大。韩服是从古代演变到现代的韩民族的传统服装，优雅且有品位，是韩国的传统服装，也是韩国优秀的传统文化之一。女式韩服的短上衣和长裙上薄下厚，端庄娴雅。男性以裤子、短上衣、背心、马甲为主，显出独特的品位。白色为韩服的基本色。

韩国人的主食是米饭，最具代表性的韩国饮食是拌饭、泡菜和烧烤。根据韩国文化观光部和韩国农林部，对来韩外国人的问卷调查以及海外韩国料理店最受欢迎的菜单调查结果，泡菜、拌饭、宫中饮食（韩正食）、烤排骨、秘制酱汁烤肉、烤五花肉、参鸡汤、冷面、海鲜葱饼、韩式打糕等被选为韩国十大代表料理。

韩国人很懂礼貌，一般情况下，在称呼上多使用敬语和尊称，很少会直接称呼对方的名字。韩国人珍爱白色。木槿花是国花，松树为国树，喜鹊为国鸟，老虎为国兽。忌讳数字是"4"和"13"。在韩国人的饭桌上，饭勺就只能用来吃饭喝汤，筷子则只可以夹菜，吃饭不能捧碗。

三、泰国

泰国人在相互见面时不喜欢与人握手，通常采用"合十礼"。泰国人在行合十礼时，立正站好，双手十指并拢掌心相对。双手举起的高度不同，给予对方的礼遇便不同，通常有四种规格：一是举到前额下，用于晚辈向长辈施礼；二是举于胸前，多用于长辈向晚辈还礼；三是举到鼻子下，一般用于平辈间；四是举过头顶，只用于平民拜见泰王时。

在泰国的传统服饰中，男装是立领马褂加裤子或者方裙，正装穿长袖，日常装束穿短袖。女装是上衣下方裙，方裙被称为"服新"，是由一块长方形的丝绸把腰间紧紧地裹起来做成裙子，用绳子调整松紧。服新可以从左向右裹，也可以从右往左裹。

泰国菜的口味偏重酸、甜、辣，善于搭配各种自然食材和用多种香料调味，但烹调方法比较简单,一般为生食、快炒、油炸、烤焗、炖煮等几种。喝汤对泰国人很重要,泰国的汤汁浓味重,是用菜肴熬煮而成,可以作为主菜搭配米饭食用。泰式炒饭是泰国一款传统的家常美食,深受泰国和各地人们的喜爱,是泰国的一道具有代表性的美食。咖喱炒蟹是极受欢迎的泰国名菜,切块的红蟹加上配菜与咖喱和各式香料共炒,突出蟹肉的鲜味与弹性,风味独特。

与泰国人进行交往时,千万不要信口开河,非议佛教,或对佛门弟子有失敬意,特别是切勿对佛祖释迦牟尼表示不恭。在佛寺之内,切勿高声喧哗,随意摄影、摄像。在泰国,睡莲是国花,桂树是国树,白象则是国兽。对于这些东西,千万不要表示轻蔑或是予以非议。

在举止动作上,泰国人的禁忌很多。总的说来,他们有"重头轻脚"的讲究。所谓"重头",是说泰国人的头部,尤其是孩子的头部,一般绝对不准触摸。拿着东西从泰国人头上通过,被视作一种侮辱。所谓"轻脚",则是说泰国人认为脚除了走路外,别无所用。因此,他们不准用脚指示方向,不准用脚踩踏门槛。在外人面前席地而坐时,也是不准盘足或是双腿叉开。

第二节 欧洲代表国家

一、英国

在英国,相见礼仪分为鞠躬礼、点头礼、握手礼、吻手礼、亲吻礼和拥抱礼。鞠躬礼是下级对上级或同级之间的礼节。点头礼是同级或平辈间所行的礼节,如在路上行走间相遇,可在行进中施礼。握手礼是欧美最常见的礼节,在世界许多国家都通行。男士和初次见面的女士通常不用握手礼,只行鞠躬礼。吻手礼是流行于欧美上层社会的一种礼节。和上流社会贵族妇女或夫人见面,若女方先伸出手做下垂式,男士则应将其指尖轻轻提起并吻之;但女方如不伸手,则不吻。此项礼节在英法社会最受重视。接吻礼是上级对下级、长辈对晚辈、朋友、夫妻之间表示亲昵、爱抚的礼节。通常是在受礼者脸上或额上轻吻一下。

英国人由于生活方式与社会环境的影响,逐渐养成了不同场合穿着不同服装的良好习惯。英国男人讲究绅士风度,但其穿衣打扮则始终是以自我扮演的公众形象而设计的,他们的穿衣风格体现出强烈的自我意识。英国女人讲求合体的衣服和精致的妆容,来显示其气质和魅力,以寻求绅士的更多帮助。英国人在休闲或外出旅游时喜欢穿着便装,因为休闲便装功能性强、舒适随意。

英国饮食总体以清淡为主,不喜欢吃辛辣、油腻的食品。英国的饮食比较注重营养均衡,在每天的日常饮食中都会有大量的新鲜蔬菜和水果,肉类以鸡肉、牛肉等为主。英国的下午茶有着悠久的历史,传统的下午茶有可口的三明治,各种面包甜点,还有奶油和果酱涂抹的烤饼等食物。

英国人不喜欢百合花和菊花，认为它们是死亡的象征，寓意不吉祥。动物中的孔雀和猫头鹰，在英国名声不佳，尤其是孔雀，在英国被视为淫荡的象征。在色彩方面，英国人偏爱蓝色、红色与白色。它们是英国国旗的主要色彩。英国人忌讳的数字主要是"13"。在人际交往中，英国人不喜欢贵重的礼物。鲜花、巧克力、工艺品以及音乐会票，是给英国人送礼的适当之选。在英国，动手拍打别人，翘起"二郎腿"，右手拇指与食指构成"V"形时手背向外，都是失礼的动作。

二、法国

在法国，关系比较好的女士或男女之间，主要采取贴面礼或亲吻礼。两人头靠近，双方脸颊轻碰，同时嘴巴发出"啧"的声音，法国大多地区是一边一下。此外，在法国的工作场合中，比较常用的是握手礼。

法国人对于衣饰的讲究，在世界上是最为有名的。首都巴黎在世人眼中一直都是时尚的代名词。在正式场合或是出席庆典仪式时一般要穿礼服。男士所穿的多为配以蝴蝶结的燕尾服，或是黑色西装套装；女士所穿的则多为连衣裙式的单色大礼服或小礼服。对于穿着打扮，法国人认为重在搭配是否得法。在选择发型、手袋、帽子、鞋子、手表、眼镜时，都十分强调要使之与自己着装相协调、相一致。

法国菜在世界三大美食之中占有一席之地。法国美食的特色在于使用新鲜的季节性材料，无论视觉上、嗅觉上、味觉上、触感上，都能达到无与伦比的境界。法国是世界上最著名的葡萄酒、香槟和白兰地的产地之一，因此，法国人对于酒在餐饮上的搭配使用非常讲究。如在饭前饮用较淡的开味酒；食用沙拉、汤及海鲜时，饮用白酒或玫瑰酒；食用肉类时饮用红酒；而饭后则饮用少许白兰地或甜酒类。另外，香槟酒惯用于庆典，如结婚、生子、庆功等。

法国人讲究服饰美，妇女尤其穿得非常时尚，特别喜欢使用化妆品，光口红就有早、中、晚之分，法国妇女是世界上最爱打扮的妇女。同时法国也是世界上最早公开行亲吻礼的国家，也是使用亲吻礼频率最多的国家。和法国人约会必须事先约定时间，准时赴约是有礼貌的表示，但不要提前。法国人在公共场所不能有懒散动作，需要时刻注意自己的形象，不能大声喧哗。法国人忌讳黄色的花，认为它们是不忠诚的表现；忌讳黑桃图案，认为它们不吉祥；忌讳墨绿色，因二次大战期间德国纳粹军服是墨绿色。

第三节 美洲代表国家

一、美国

美国成立时间不长，国内各类移民又不计其数，因此美国的礼仪文化可以说是多种文化的汇合。美国人以其"自由""潇洒"的形象著称于世。美国人见面时,不一定会握手,只要笑一笑,打个招呼就行了,即使这是人与人之间的第一次见面。在告别的时候,也只是向大家挥挥手或者说声"再见""明天见"。但如果别人向他们致礼,美国人也会用相应的礼节回礼,比如握手、点头、拥抱、行注目礼等。

总体而言,美国人平时的穿着打扮不太讲究。崇尚自然,偏爱宽松,讲究着装体现个性,是美国人穿着打扮的基本特征。

美国的美食,向来以油炸、多脂肪、高热量而闻名世界。美国绝大多数人以吃西餐、快餐为主。美国人用餐快速省时,常以三明治、牛奶、咖啡以及罐头食品为主。他们对菜肴的要求是量少质高,清淡不腻、咸中有甜、微辣、稍甜酸、忌油腻。在饮料方面,美国人比较偏爱冷饮、冰饮,不喜热饮。

美国人爱白色,认为白色是纯洁的象征;偏爱黄色,认为是和谐的象征;喜欢蓝色和红色,认为是吉祥如意的象征。美国人对握手时目视其他地方很反感,认为这是傲慢和不礼貌的表示。在美国千万不要把黑人称作"Negro",最好用"Black"一词,黑人对这个称呼会坦然接受。因为 Negro 主要是指从非洲贩卖到美国为奴的黑人。美国人还忌讳他人问个人收入和财产情况,忌讳问妇女婚否、年龄以及服饰价格等私事。

二、巴西

巴西是由欧洲人、非洲人、印第安人、阿拉伯人以及东方人等多种民族组成的国家,但核心是葡萄牙血统的巴西人。另外,由于从西班牙、意大利等南欧国家来的移民在巴西占大多数,因此,巴西人的习俗和葡萄牙、南欧的习俗非常相似。巴西人在与亲朋好友、熟人或情人相见时,大多都习惯施拥抱礼或亲吻礼。妇女之间最常用吻礼,在施礼时要脸贴脸用嘴发出接吻的吻声,以此来表达她们的亲热之情,但她们虽吻而嘴却不接触脸。

在服饰礼仪方面,巴西的男子平时穿短裤和衬衫,但是上班或参加社交活动则必须正装出席。因为在巴西,衣帽整洁、着装严肃的人更容易得到他人的认可,所以在正式场合,巴西人很注重着装。对于女士,在穿着上则没有严格的限制,她们通常喜欢穿色彩艳丽的裙装。狂欢节是巴西最大的节日,但最负盛名的当属里约热内卢的狂欢节。不同于平时的严肃,节日时人们的穿着艳丽而热情。

巴西人用餐惯以欧式西餐为主。巴西的国菜"脍豆",就是用猪蹄、杂碎和黑豆做原料,放在砂锅内一起炖制的。"烤肉"是巴西人最喜欢吃的风味菜之一,又是一品国菜,还是一种大众菜。此外巴西有"咖啡王国"之称。巴西人最爱喝咖啡,每天就像中国人饮茶一样,喝咖啡也是一杯接一杯地喝个够。

巴西人大多数信奉天主教,另外也还有少部分人信奉基督教新教、犹太教以及其他宗教。他们忌讳数字"13",他们普遍认为"13"为不祥之数,会给人带来厄运及灾难。如果你在巴西人家接受了招待,礼貌的做法是翌日给人送去一束鲜花并附上一封感谢信。切忌送紫色的花,他们忌讳紫色,认为紫色是悲伤的色调;忌讳绛紫红花,因为这种花主要用于葬礼上;他们还把人死喻为黄叶落下,因此,棕黄色就成凶丧之色,也很为巴西人所忌讳。忌出"OK"的手势，巴西人认为这是一种极不文明的表示。此外，巴西人送礼忌讳送手帕，他们认为送手帕会引起吵嘴和不愉快。

第四节　大洋洲代表国家——澳大利亚

澳大利亚是大洋洲主要的也是最大的国家。在澳大利亚，初次见面时应该行握手礼。澳大利亚人言谈话语极为重视礼貌，谈话总习惯轻声细语，很少大声喧哗。在他们的眼里，高声喊叫是一种不文明的粗野行为。

澳大利亚人的衣着可以用两个字来概括——休闲。无论男女都喜欢穿牛仔裤，他们认为穿牛仔裤方便、自如。但在诸如典礼、仪式、宴会、婚礼、剧院等正式场合，却非着正装不可。

澳大利亚人非常看重饭菜的质量，要求色香味俱全，而且澳大利亚的人民最喜欢的食物是面类的主食，澳大利亚人喜欢吃烤肉，许多家庭也备有烤炉，因此，有时澳大利亚朋友会请客人到家里吃烤肉。澳大利亚人还非常喜欢喝咖啡，也有部分澳大利亚人喜欢红茶。许多澳大利亚人都喜欢清淡的食物，而且还喜欢各种各样的水果，尤其是荔枝、西瓜等。

澳大利亚人还有个特殊的礼貌习俗，他们乘出租车时，总习惯与司机并排而坐，即使他们是夫妇同时乘车，通常也要由丈夫坐在前面，妻子独自坐在后排。他们认为这样才是对司机的尊重，否则会被认为失礼。他们时间观念非常强，有准时赴约的良好习惯。在澳大利亚有"女士优先"的良好社会风气，男士对女士都是极为尊重的，澳大利亚人还喜欢赞美女士的长相、才气、文雅举止等方面，他们认为这是一种有教养的表现。

参考文献

[1] 王文锦. 礼记译解[M]. 北京：中华书局，2001.
[2] 刘熙. 释名[M]. 北京：中华书局，2016.
[3] 许慎. 说文解字[M]. 北京：中华书局，2013.
[4] 尔雅[M]. 郭璞，注解. 杭州：浙江古籍出版社，2011.
[5] 杨伯峻. 论语译注[M]. 北京：中华书局，2009.
[6] 杨伯峻. 孟子译注[M]. 北京：中华书局，2005.
[7] 陈鼓应. 庄子今注今译[M]. 北京：中华书局，2009.
[8] 周振甫. 诗经译注[M]. 北京：中华书局，2010.
[9] 周振甫. 周易译注[M]. 北京：中华书局，2010.
[10] 金兆梓. 尚书诠译[M]. 北京：中华书局，2010.
[11] 刘义庆. 世说新语[M]. [南朝·梁]刘孝标，注；徐传武，校点. 上海：上海古籍出版社，2013.
[12] 单铭磊. 礼仪文化[M]. 北京：中国经济出版社，2014.
[13] 彭澎. 礼仪与文化[M]. 北京：清华大学出版社，2007.
[14] 尹雯. 礼仪文化概说[M]. 昆明：云南大学出版社，2004.
[15] 崔永元. 不过如此[M]. 北京：华艺出版社，2001.
[16] 闫晗. 仓央嘉措全集[M]. 北京：中国华侨出版社，2011.
[17] 李清如. 跟杨澜学做完美的女人[M]. 武汉：武汉出版社，2012.
[18] 杨澜. 杨澜访谈录[M]. 北京：新星出版社，2007.
[19] 乐嘉. 色眼识人——性格色彩入门[M]. 长沙：湖南文艺出版社，2015.
[20] 荷马史诗·伊利亚特[M]. 陈中梅，译. 上海：上海译文出版社，2016.
[21] 柳诒徵. 中国文化史[M]. 北京：中华书局，2015.
[22] 吕思勉. 中国文化史[M]. 北京：商务印书馆国际有限公司，2015.
[23] 沈从文. 中国古代服饰研究[M]. 上海：上海书店出版社，2011.
[24] 黄能馥，苏婷婷. 珠翠光华[M]. 北京：中华书局，2010.
[25] 黄能馥，乔巧玲. 衣冠天下[M]. 北京：中华书局，2009.
[26] 彭林. 中国古代礼仪文明[M]. 北京：中华书局，2013.
[27] 李天纲. 中国礼仪之争：历史·文献和意义[M]. 上海：上海古籍出版社，1998.
[28] 杨志刚. 中国礼仪制度研究[M]. 上海：华东师范大学出版社，2001.
[29] 金正昆. 社交礼仪[M]. 北京：北京大学出版社，2005.

[30] 金正昆. 大学生礼仪[M]. 北京：中国人民大学出版社，2007.

[31] 金正昆. 现代礼仪[M]. 北京：北京师范大学出版社，2006.

[32] 林春. 礼仪文化与大学生礼仪修养[M]. 北京：中国社会科学出版社，2011.

[33] 王学泰. 华夏饮食文化[M]. 北京：商务印书馆，2013.

[34] 贾振明. 饮食文化与社交礼仪[M]. 呼和浩特：内蒙古人民出版社，2013.

[35] 唐德根. 西方文化与礼仪[M]. 长沙：湖南人民出版社，2007.

[36] 伊丽莎白·波斯特. 西方礼仪集萃[M]. 北京：生活·读书·新知三联出版社，1991.

[37] 范冰. 西方社会礼仪与文化[M]. 杭州：浙江大学出版社，2014.

[38] 朱玉. 漫话西方饮食文化[M]. 重庆：重庆大学出版社，2015.

[39] 山本浩未. 基本化妆术[M]. 北京：中国轻工业出版社，2010.

[40] 师晟. 领带结戴和选配[M]. 上海：东华大学出版社，2004.

[41] 琳达·格兰特. 穿出来的思想家：搭配有范，购物有乐，穿衣有道[M]. 张虹，译. 重庆：重庆大学出版社，2014.

[42] 提勒多曼. 咖啡馆里的欧洲文化[M]. 林珍良，译.北京：团结出版社，2005.

[43] 姜越. 世界各地的饮食文化[M]. 长春：吉林人民出版社，2011.

[44] 蔡倩玟. 美食考：欧洲饮食文化地图[M]. 台北：猫头鹰文化，2005.